U0457524

吉金著述叢刊

長安獲古編

〔清〕劉喜海著

中國書店

圖書在版編目(CIP)數據

長安獲古編 / (清) 劉喜海著. -- 北京：中國書店,
2025.1
（吉金著述叢刊）
ISBN 978-7-5149-3583-7
Ⅰ. ①長… Ⅱ. ①劉… Ⅲ. ①古器物—中國—圖集
Ⅳ. ①K875.02

中國國家版本館CIP數據核字(2024)第061738號

長安獲古編

〔清〕劉喜海著

責任編輯：趙文傑

出版發行：中國書店

地址：北京市西城區琉璃廠東街115號

郵編：10050

印刷：北京建宏印刷有限公司

開本：880㎜×1230㎜ 1/32

版次：2025年1月第1版第1次印刷

字數：50千字

印張：6.75

書號：ISBN 978-7-5149-3583-7

定價：85元

出版説明

劉喜海其人其學

劉喜海，祖籍山東諸城，生於清乾隆五十八年（一七九三），卒於咸豐三年（一八五三），壽六十一。字燕庭，也作燕亭、硯庭，别號三巴子，室名嘉蔭簃、味經書屋、十七樹梅花山館、來鳳堂等。劉氏世宦，叔祖即乾隆名臣劉墉。高祖棨，康熙乙丑科進士，官至四川布政使，玄燁御書『清愛堂』之室名。曾祖統勳（一六九九—一七七三），官至東閣大學士，謚號文正。祖父輩的劉墉，官至體仁閣大學士，卒謚文卿。墉有弟堪，早卒，堪子鐶之由劉墉撫養成人，乾隆五十四年（一七八九）進士，官至禮部尚書。鐶之富於收藏，精於鑒賞，卒謚文恭。作爲其子的劉喜海，就誕生於這樣一個官宦世家。

家學影響，十八歲左右的劉喜海已經開始留意所出古泉及錢範，隨後收藏漸豐。三十歲之前，主要活動在帝京，也有短暫的宦游經歷。四十歲前後開始更大範圍的游歷，南到汀州、蘇杭，西到西安、成都，北到榆林。任陝西觀察時，以資厚力求所得最多。交游廣泛，與瞿中溶、鮑康等人交好。官至浙江布政使司期間，才開始籌劃將《長安獲古編》付梓，但因與巡撫吴文鎔不和，被密奏彈劾，未能如願，而且著作在身後還遭散佚。

《長安獲古編》是劉喜海編排，本有題跋，但書未成而身亡，僅存一部原有四册的稿本，爲吴大澂借去，書板輾轉爲王懿榮所得，一直未克刊印。庚子事變後，王懿榮殉清，書板爲劉鶚所得，兩卷正文，加上王孝禹書作爲補録一卷，共三卷，刊印百部，分贈同好。以上這些情況，在本書末劉鶚作於光緒三十一年（一九〇五）秋七月的跋文有説明。其時，距離劉喜海辭世已有半個多世紀。實際上，本書的稿本、書板流傳更爲坎坷，鮑康在同治十一年（一八七二）進京得知，書板雖在廠肆，且有印本流出，書的稿本却在陳介祺手中。劉喜海收藏豐厚，也有很多編纂計劃，可惜最後多未能成形。胡琨受劉喜海遺命，已編好《金石苑》叢書之書目，雖未刊刻，但稿本現存中國國家圖書館。稿本一百二十多卷，其中就有《長安獲古編》。王家葵根據稿本題名推測，如果劉氏生前刊刻，扉頁和書口也應是『金石苑』三字。

内　容

《長安獲古編》正編主要收録商周和秦漢的古物，既有器物的綫繪形態，也有銘刻文字的摹寫，所收録的古器物在質地上有銅陶之别，數量上以銅器爲主。書中尚缺少對器物的説明，配合胡琨所編的《長安獲古編》則可對器物有一個統觀的認識。本書卷一爲先秦器，按照編排順序包括鐘一，鼎十一，方彝二，彝二（按即簋二），敦蓋一（按即簋蓋一），卣四（按實爲卣二、壺二），簠一，鬲二，甗一，盉二，匜一，觶三，斝一，觚一，爵八以及矛一，按照器類來説，樂器類一，食器類十七件，酒器類十八件，水器類三件，兵器類一件，凡四十二件；卷二爲秦漢器，秦器均爲皇帝詔版凡二組四件，漢代器物包括鼎四組五件，燈三件，鍪一件，鋗二件，盆一件，弩機（弩機組件）二件，環一件，帶鈎（師比）三件，不明器物二件，銅鏡六面，符節六件，瓦當一件（詳見後文版本對比部分的説明），凡三十六件。補編的一卷主要和璽印資料有關，包括古封泥三十枚、元明官印七枚、鈐一枚，斗檢封三枚，共四十一器。全編總共收録器物一百一十九件。

劉氏所收集的這些古器的下落，憑借學界内豐富的青銅器學研究成果，商周古器中的大多數都可以查考明白，主要存於海内外的博物館中，國内如故宫博物院、臺北故宫博物院、上海博物館，海外如日本泉屋博古館、美國舊金山亞洲藝術博物館（布倫戴奇藏品）等；而相對於秦漢的古器來説，目前的研究尚缺乏綜合性質的著録工具書，封泥和印章因爲材料特殊，境況類似，因而目前也無法查考下落。

版本

據容庚和容媛的考述，本書共有兩個版本，一是道光末年劉喜海自刻本；另有就是劉鶚補刻標題本，是我們本次影印的底本。劉鶚跋語的這版中，在器銘下常有墨丁，多處版面還保留了一定面積的板刷痕迹。這意味着原著還有不少文字需要補刻，是一個未完成的稿本。

需要特別説明的是，今藏於中國國家圖書館的一册《長安獲古編》有着更古早的刊刻特徵，其實正是容媛所著録的『自刻本』。這本書衣靠近書口一册偏上有潘祖蔭（一八三〇—一八九〇）楷書題簽，右側偏上有三行題記作爲説明：『滂喜齋遺書題檢五字，潘文勤手迹，壬子九月初八日檢記』，題記時間爲一九一二年，其下鈐朱文印文『長州章氏四當齋珍藏書籍記』，係民國著名學者章鈺藏書印。簡言之，此書原爲潘祖蔭舊藏，繼而爲章鈺收藏。這條著録編入章氏的藏書目，書名雖誤爲《長安獲古録》，但更重要的是書名下小字：『家刊初印本一册。」

初印本卷一有四十三葉，卷二有三十七葉，補卷十八葉；劉鶚本卷一同，卷二有三十八葉，補卷的正文十七葉，如此計算，劉鶚本和初印本的主體篇幅一致，只是在全書末尾即卷三第十八葉附以跋文。

較之於劉鶚本，初印本較爲原始的地方在於：（一）收録器物與編排順序：所收器物基本一致，但編排體例上家刻本草稿痕迹明顯。初刻本的器類排序紊亂，每卷内的器類編排没有一定的邏輯，而在劉鶚的改編本中分類和編排順序大爲改觀。（二）刊刻痕迹上，初刻本還保留着多處器名、釋文的刊刻位置尚待定稿和補充，這些都是最爲明顯的稿本迹象。

前者可能會導致誤解，比如本書收録的『佐弋瓦』，家刻本分了兩次著録，即卷二第三十葉（無篇題印位）和第三十四頁（有篇題印位），可能是由於分開著録，容庚的《述評》誤以爲瓦當是兩件，且誤歸到補編目録下。而觀察摹本和拓本的輪廓和曲綫彎曲部分可知，兩頁所刊之物實則是同一件瓦當的摹本和拓本。

署名劉氏的《長安獲古編》在民國時期收録於瑞安陳氏的《湫漻齋叢書》中，一卷本附編目一卷共兩卷，不知是否就是劉鶚版和胡琨版的合訂。遺憾的是，這部叢書目前尚無方便的版本可供翻檢，故存此待考。

與本次影印同一版本的當代影印，目前所見有兩次：先以縮印形式收録到《金文文獻集成》第七册（綫裝書局，二〇〇五年），以版心爲中心編排，一面放置原書兩葉，銅鏡中兩面尺寸較大者的版心經過技術處理，但最後没有書録補編，屬於節選式縮印。其後，又收録到《長安學研究文獻匯刊》下的《考古編・金石卷》第十三輯（科學出版社，2020年）未説明選用底本，該書影印方式也是同《金文文獻集成》一致，一面放置原書兩葉，不同的地方在於大型銅鏡所在頁面没有處理版心，但是收録了附編，且在劉鶚跋文後還有一空文葉。

最後，對本次影印方式着重説明：本書影印的底本爲劉鶚跋語版，原書板框高二百一十二毫米，寬一百四十八毫米。此次影印同比例縮放了原書尺寸。首頁『益公鐘』框内右下角鈐朱文印『天樂閣藏金石圖籍』，藏書主人待考。

中國書店出版社

二〇二四年十一月

目録

益公鐘

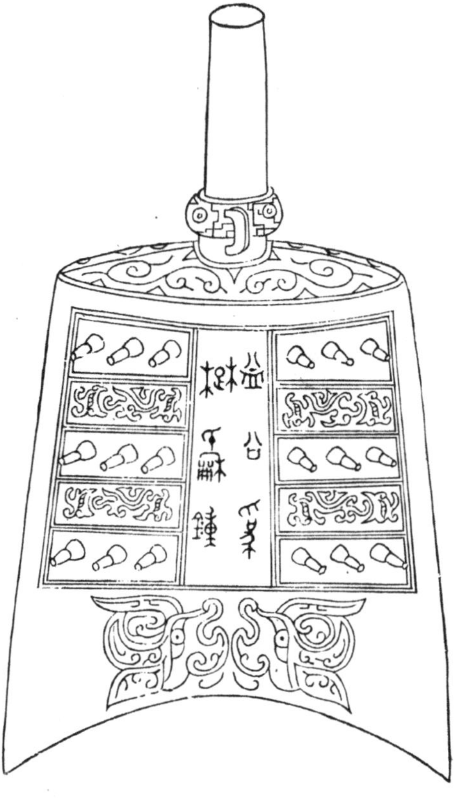

長安獲古編卷一

一

益公為

楚氏龢鐘

魚父癸鼎

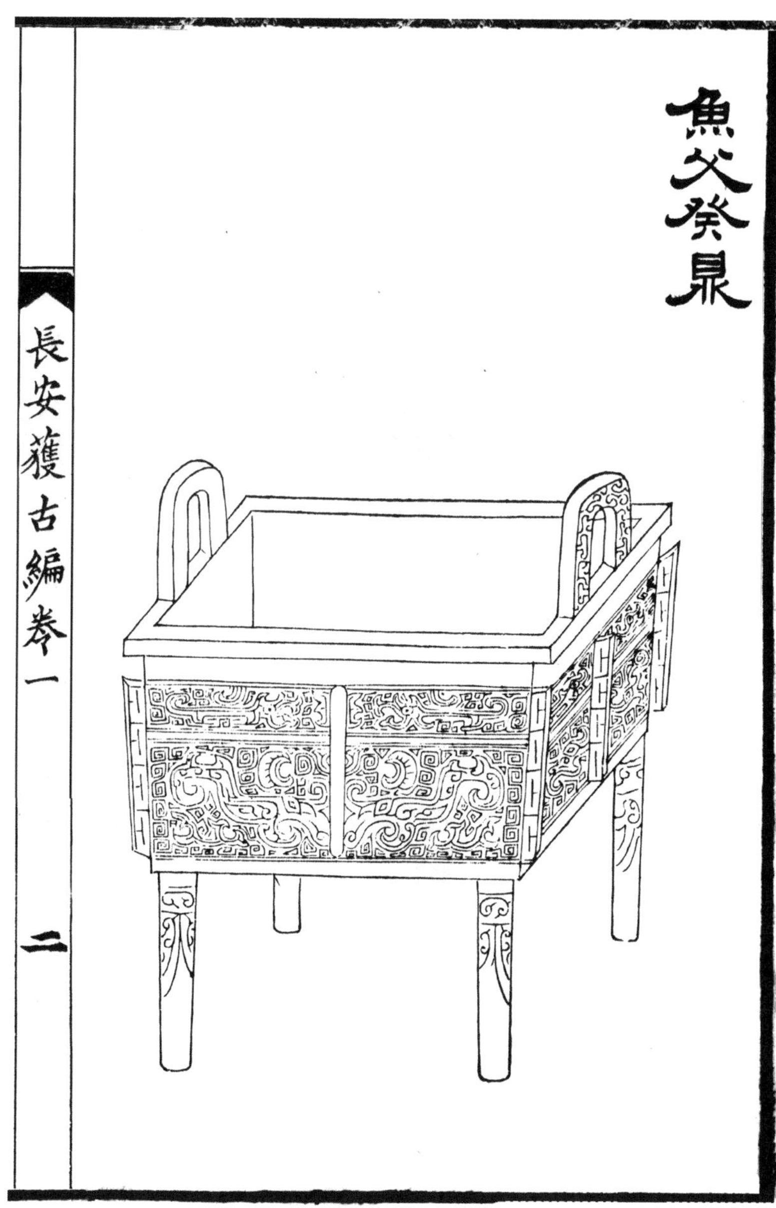

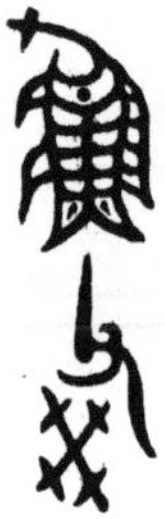

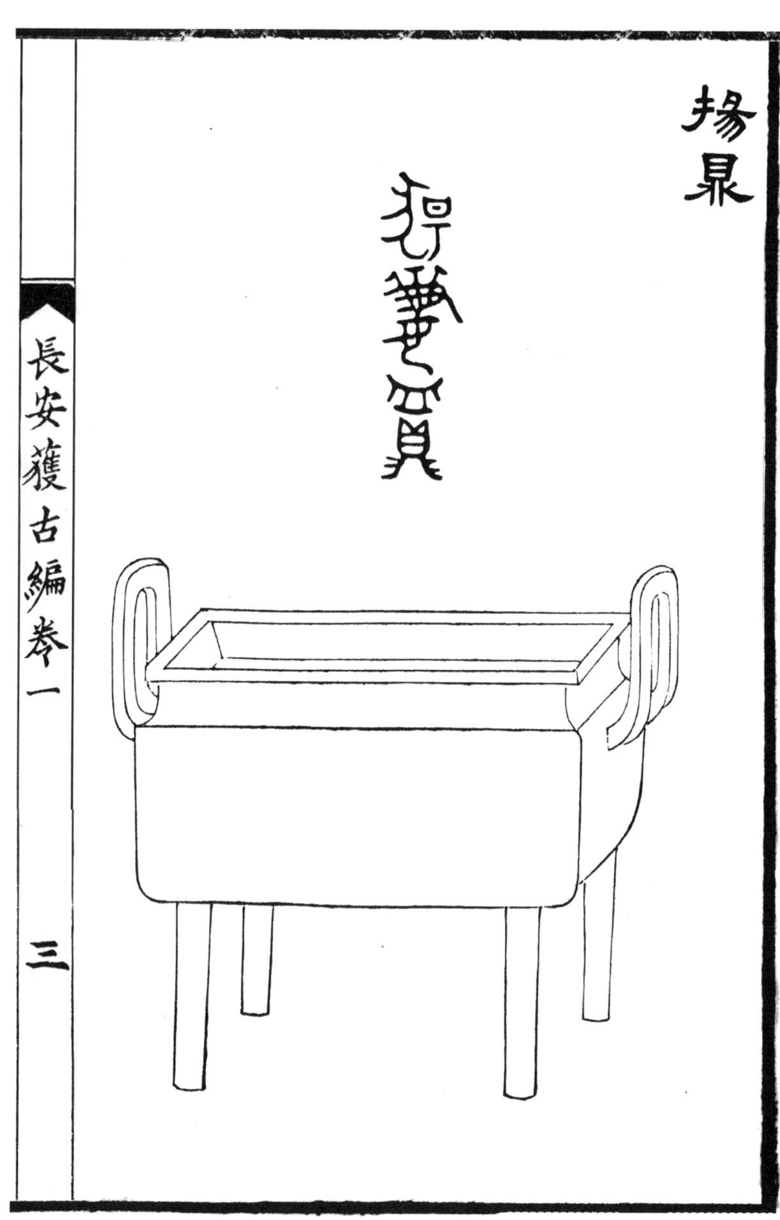

揚鼎

長安獲古編卷一　三

長安獲古編卷一 三

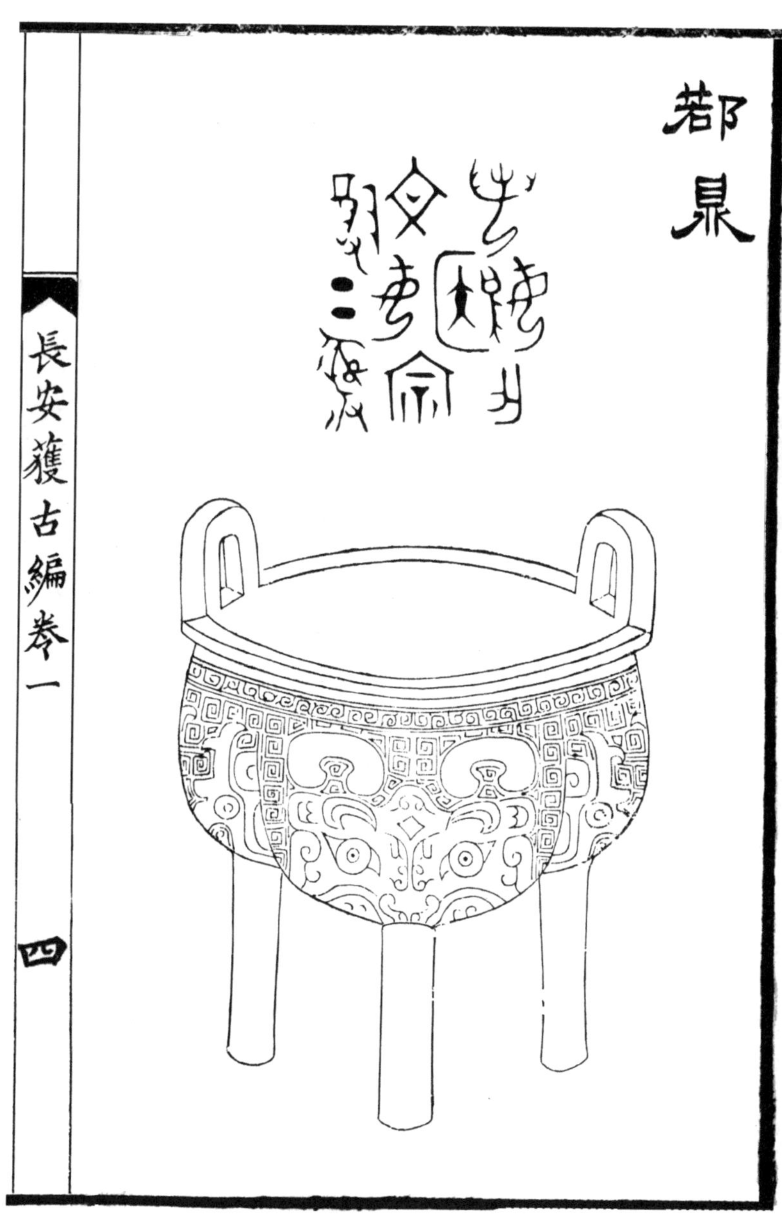
鄀鼎
長安獲古編卷一
四

長安獲古編卷一 四

師𡗜父鼎

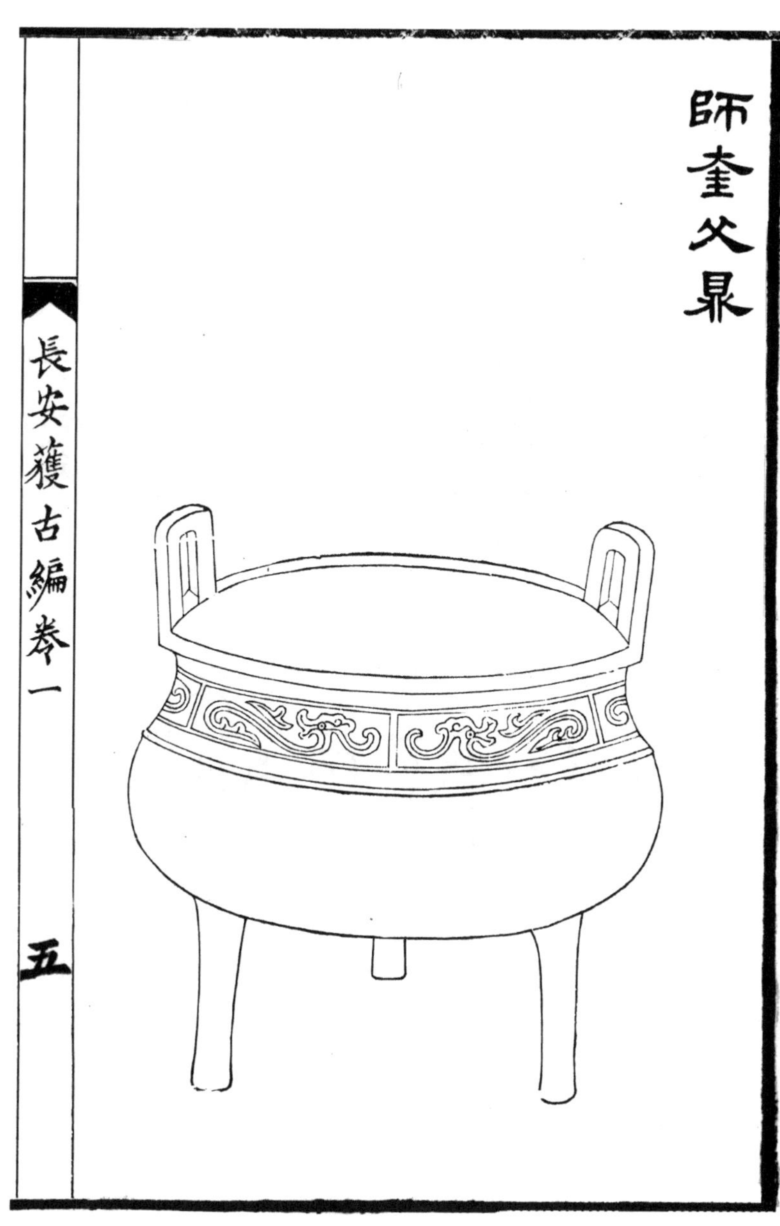

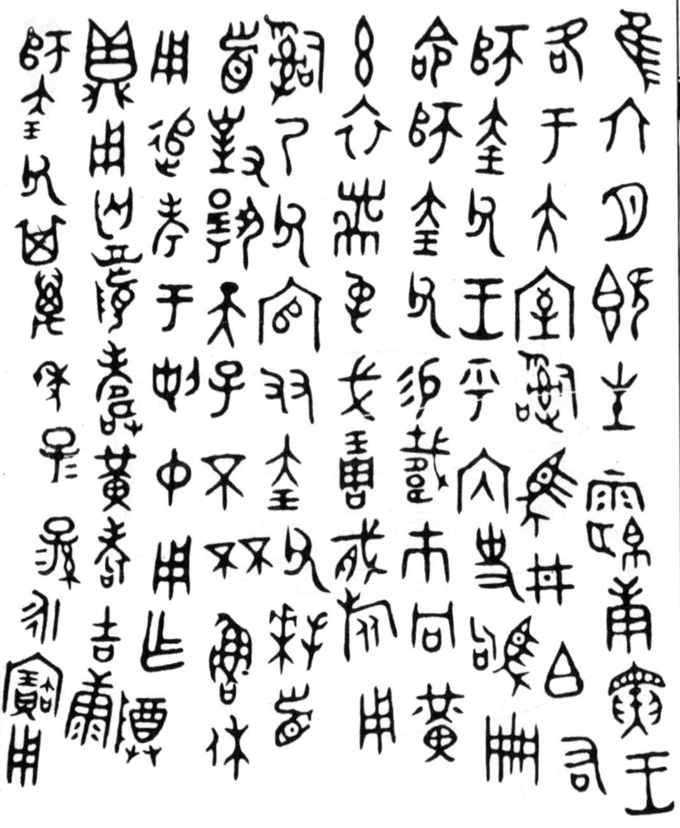

師湯父鼎

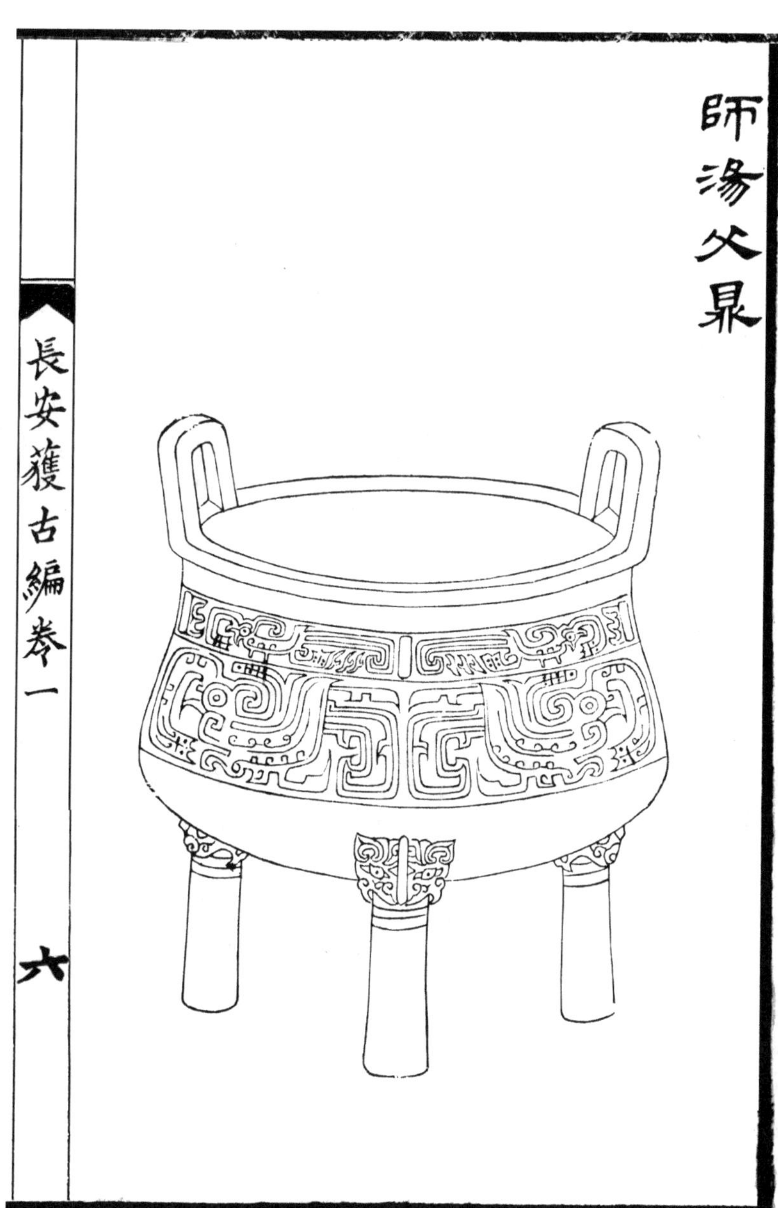

長安獲古編卷一

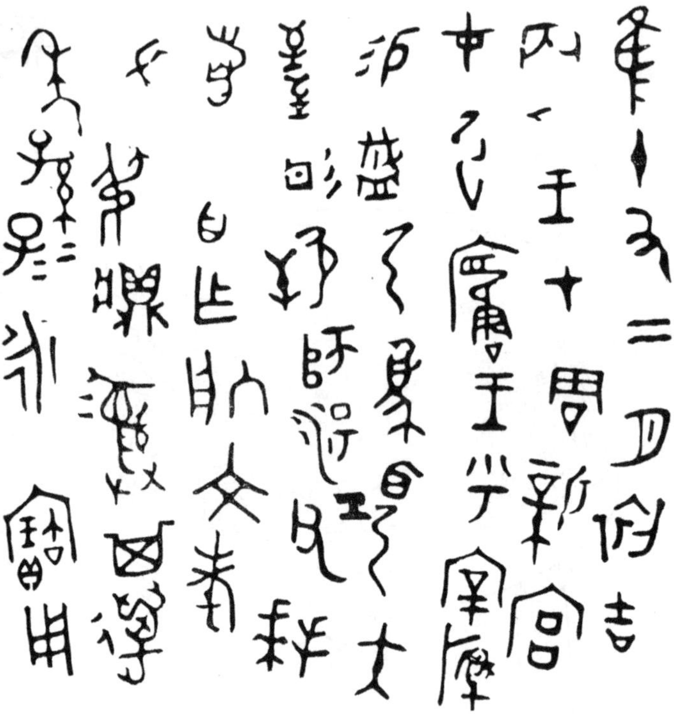

六

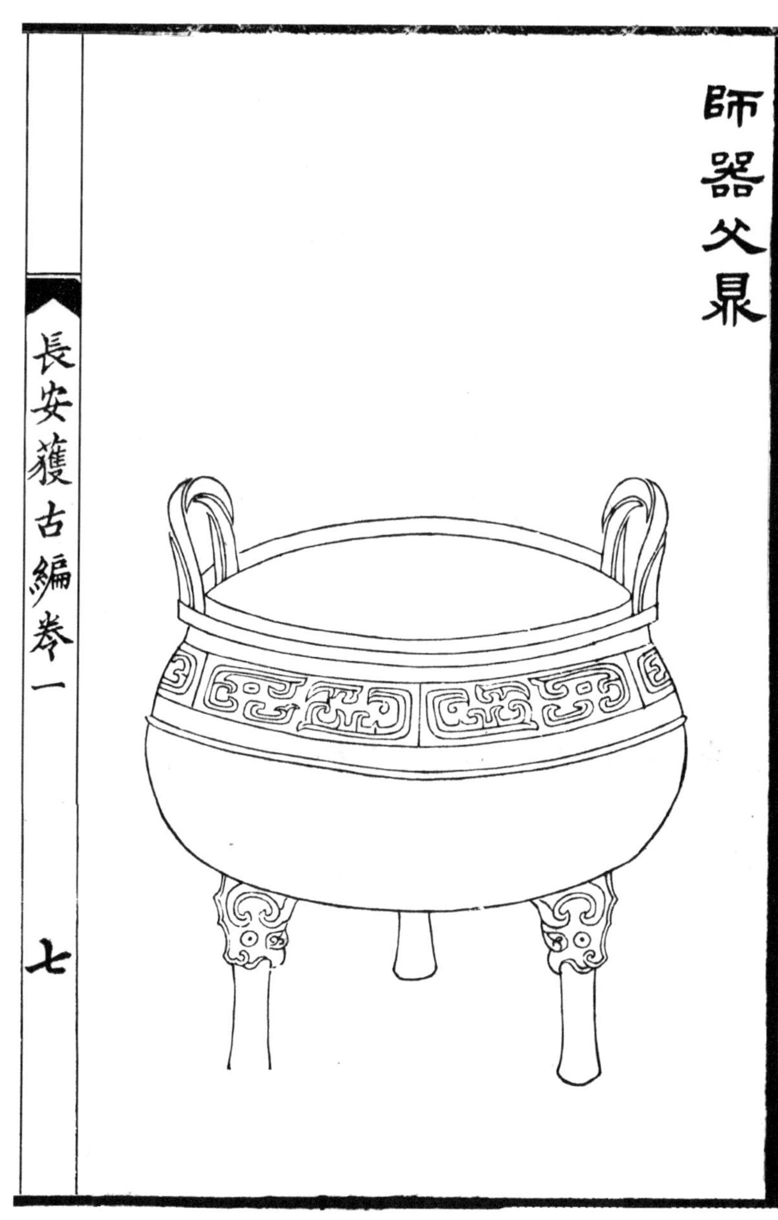
師器父鼎
長安獲古編卷一
七

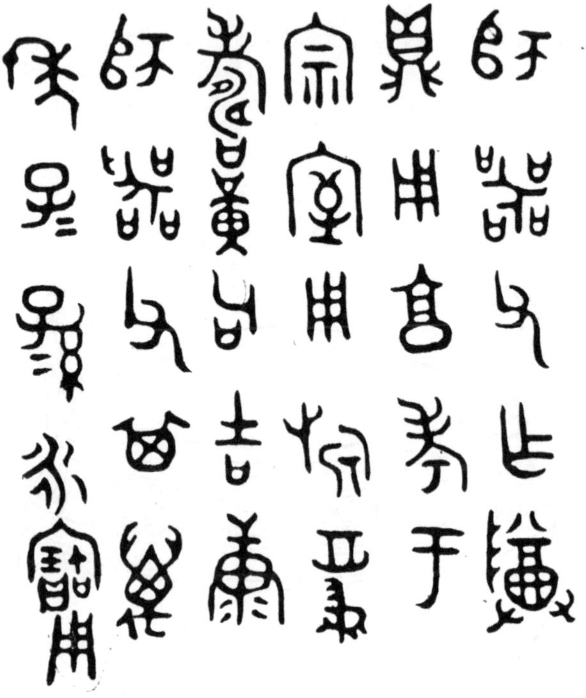

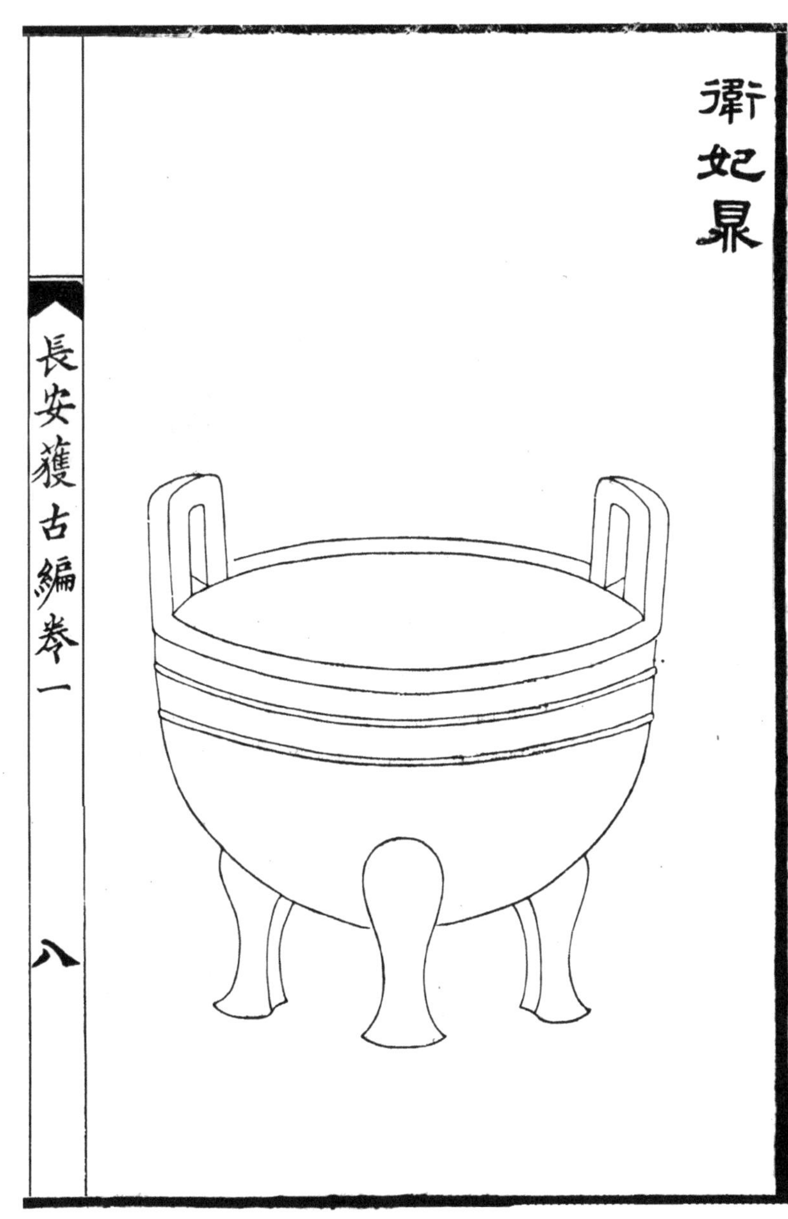

衛妃鼎

長安獲古編卷一　八

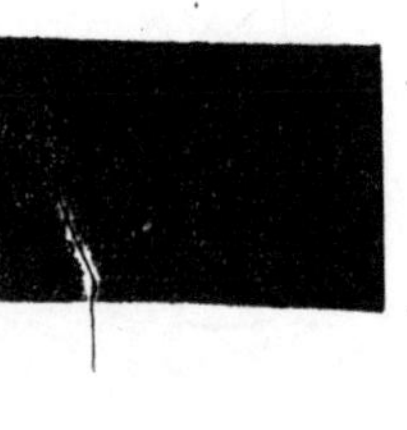

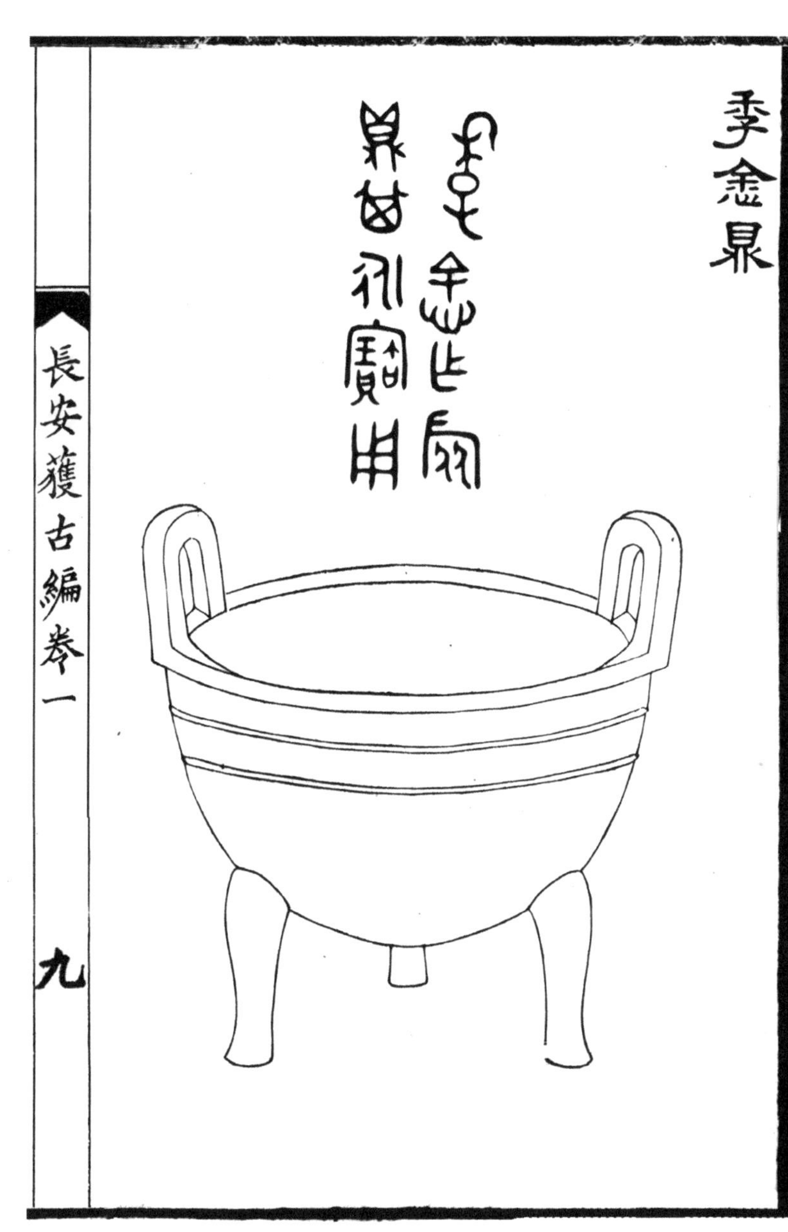
季念鼎
長安獲古編卷一
九

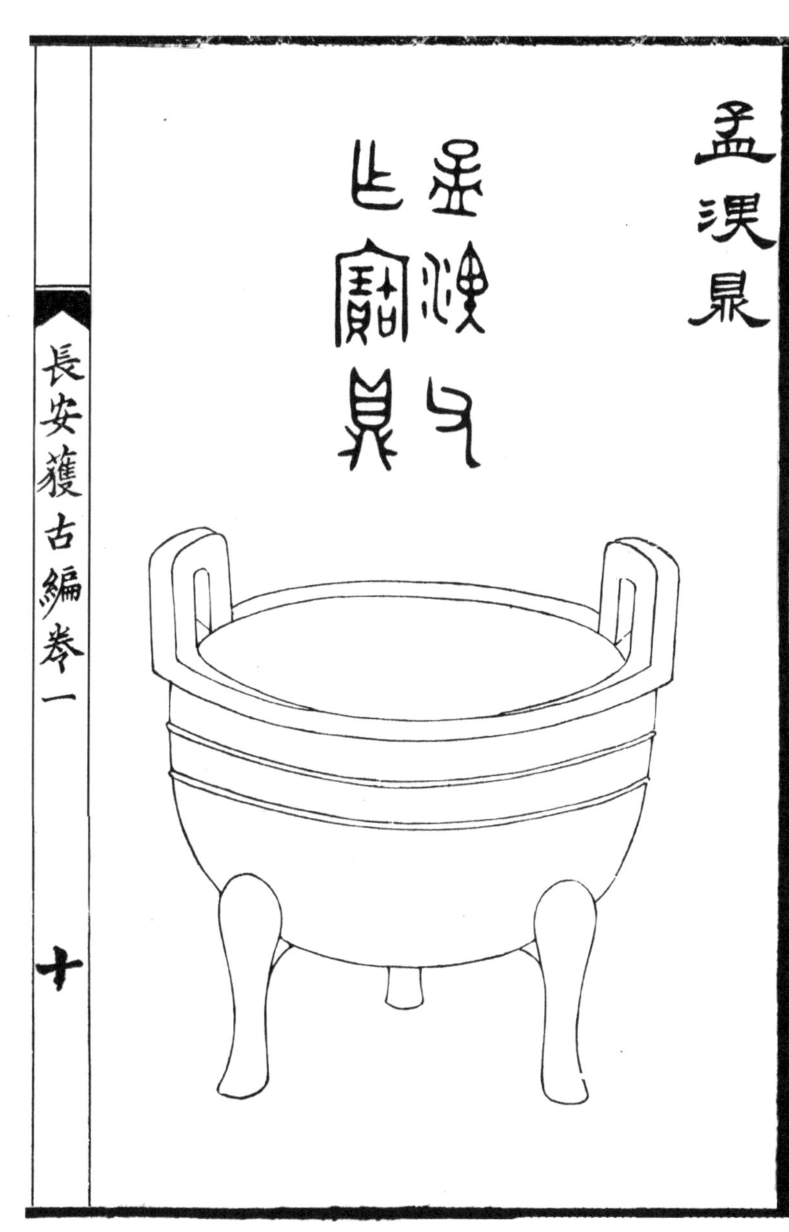
孟淏鼎
長安獲古編卷一
十

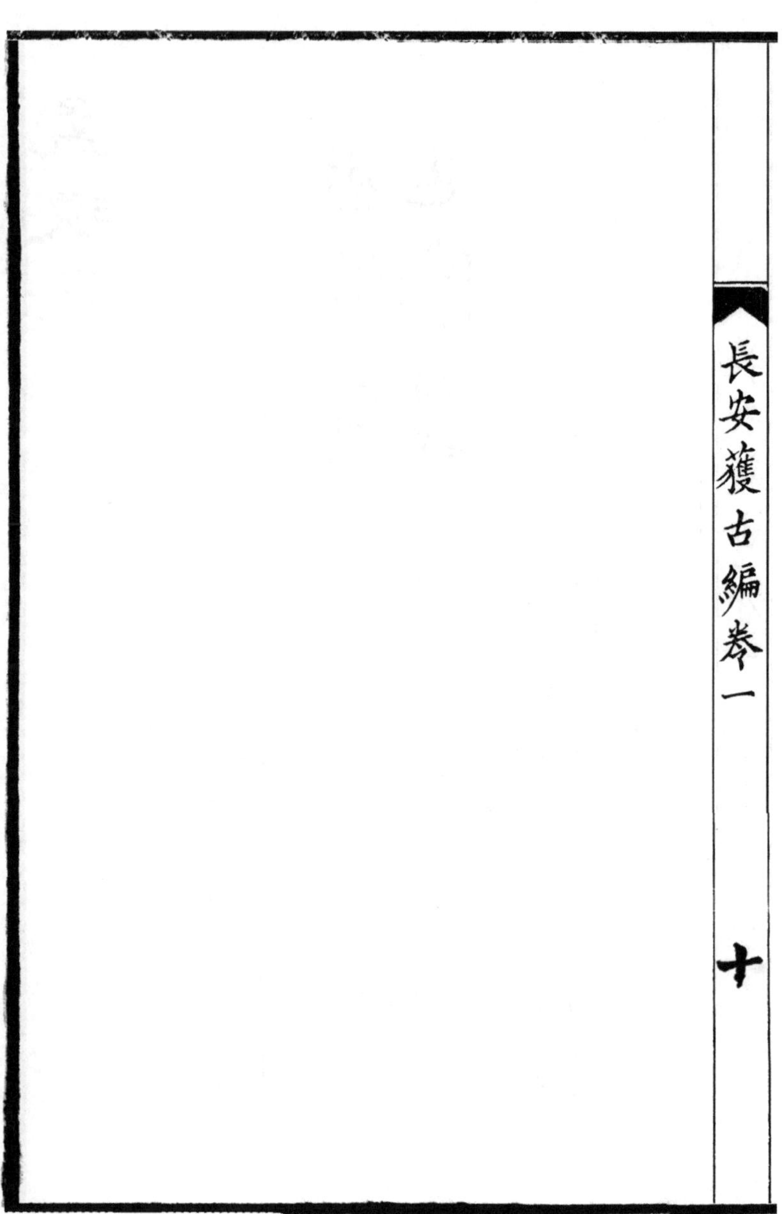
長安獲古編卷一
十

宋公鼎

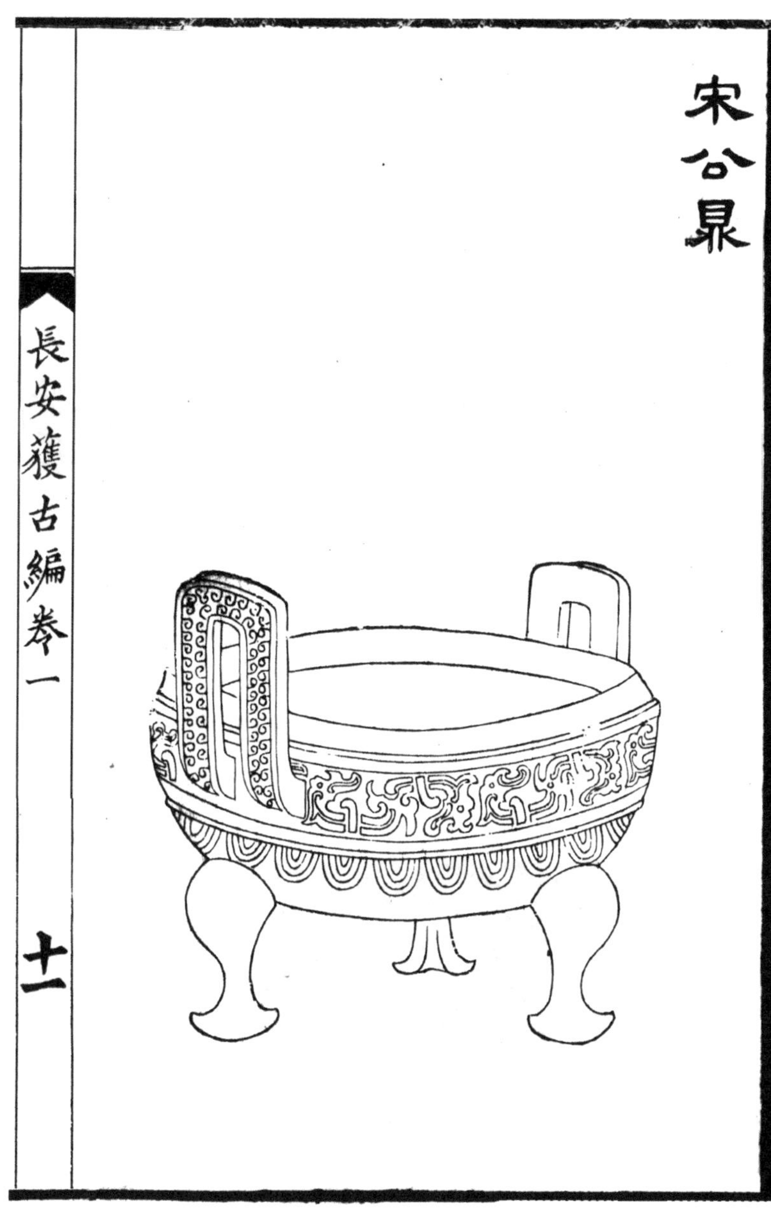

長安獲古編卷一

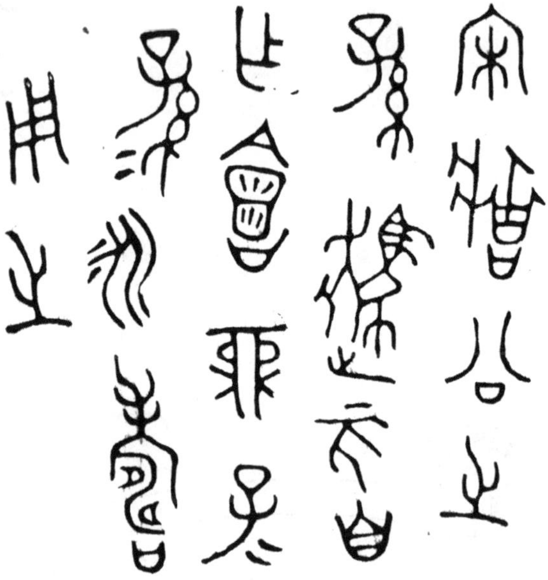

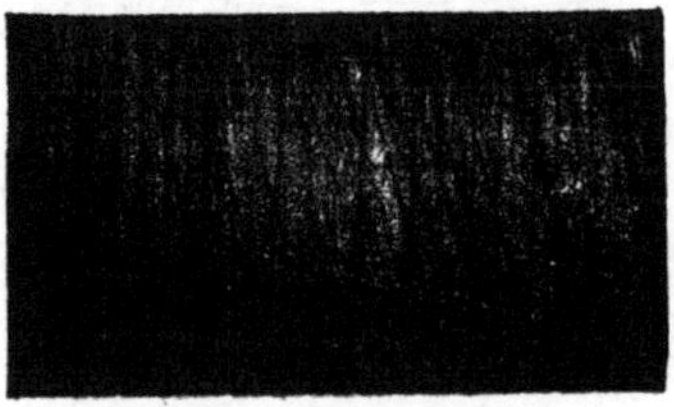

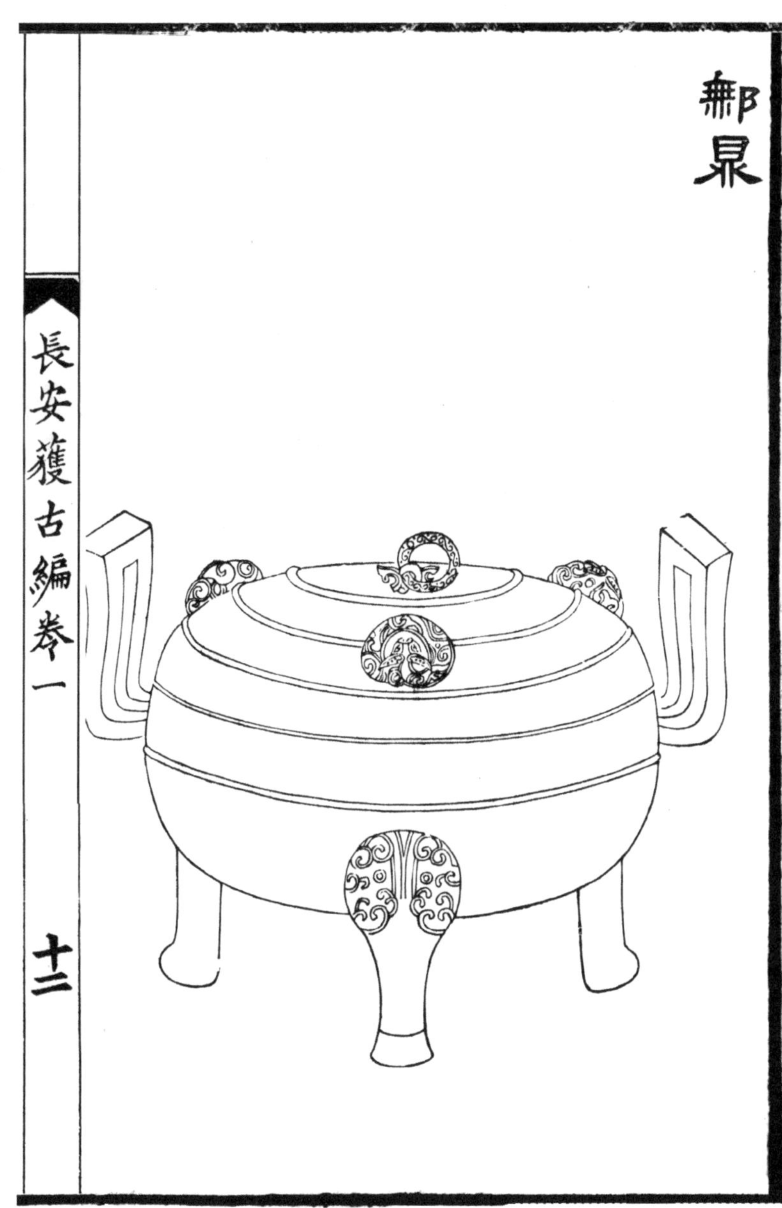
鄦鼎
長安獲古編卷一
十二

[illegible][illegible]之[illegible]鼎

蓋

[illegible][illegible]之[illegible]鼎

器

父辛彝

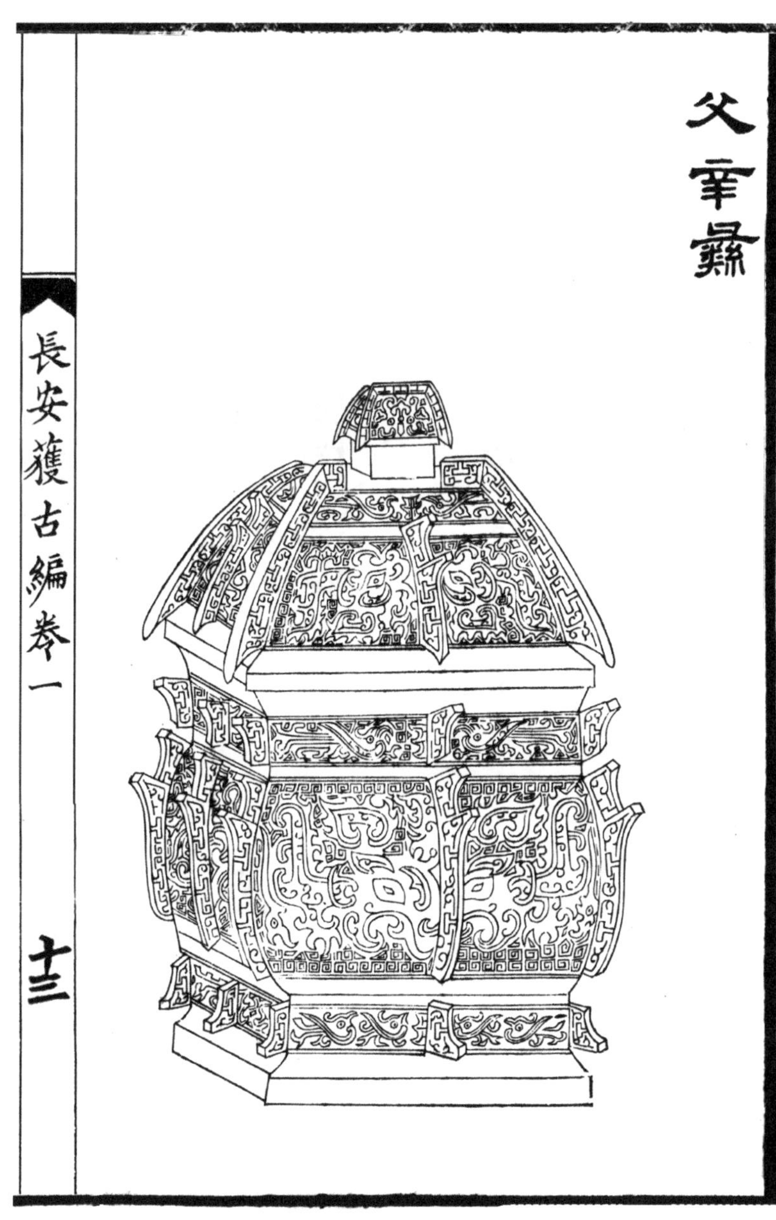

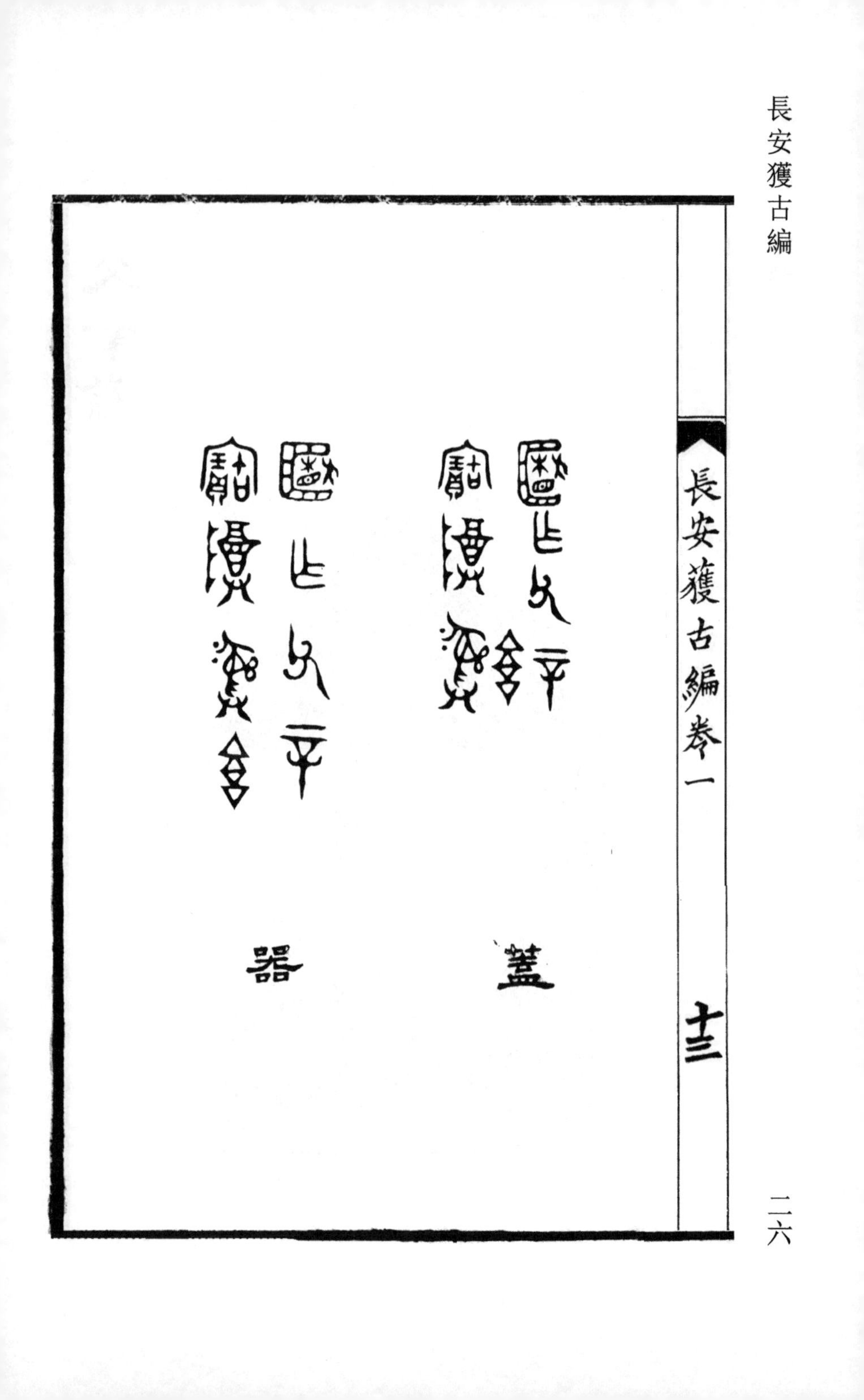

蓋

器

父月彝

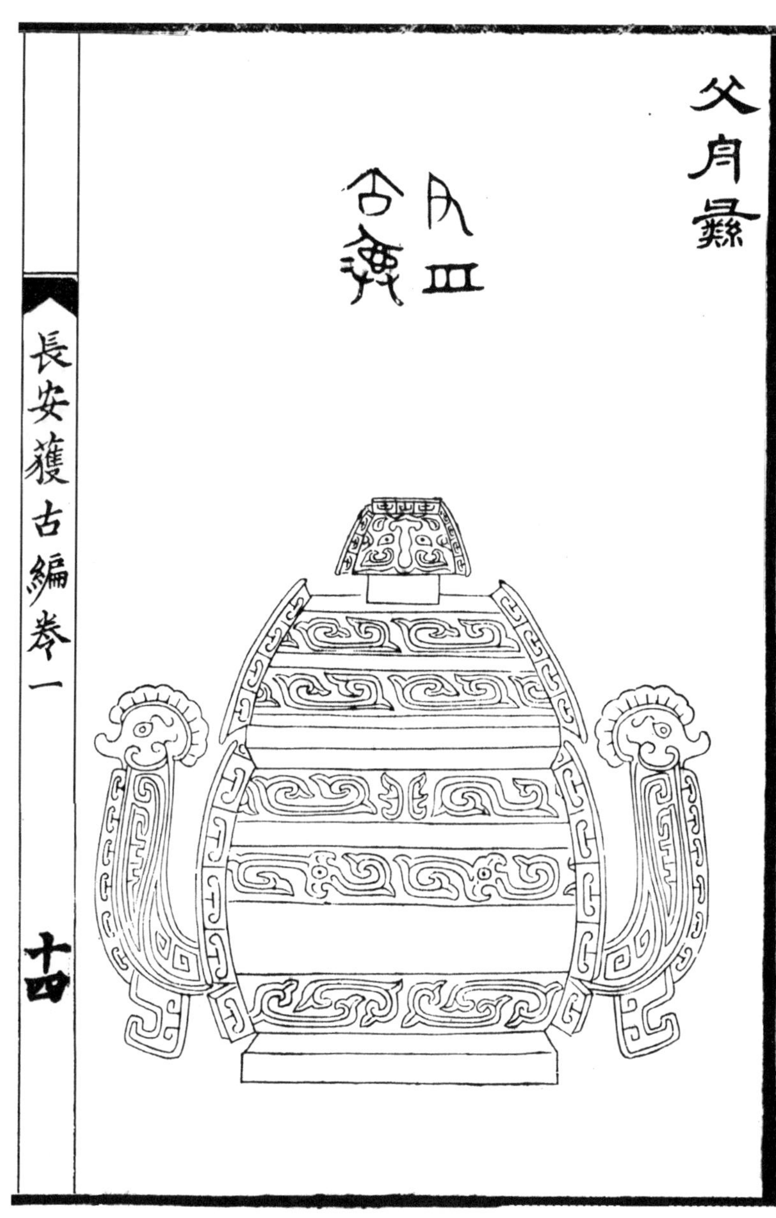

長安獲古編卷一　十四

子孫形彝
長安獲古編卷一
十五

父癸彝

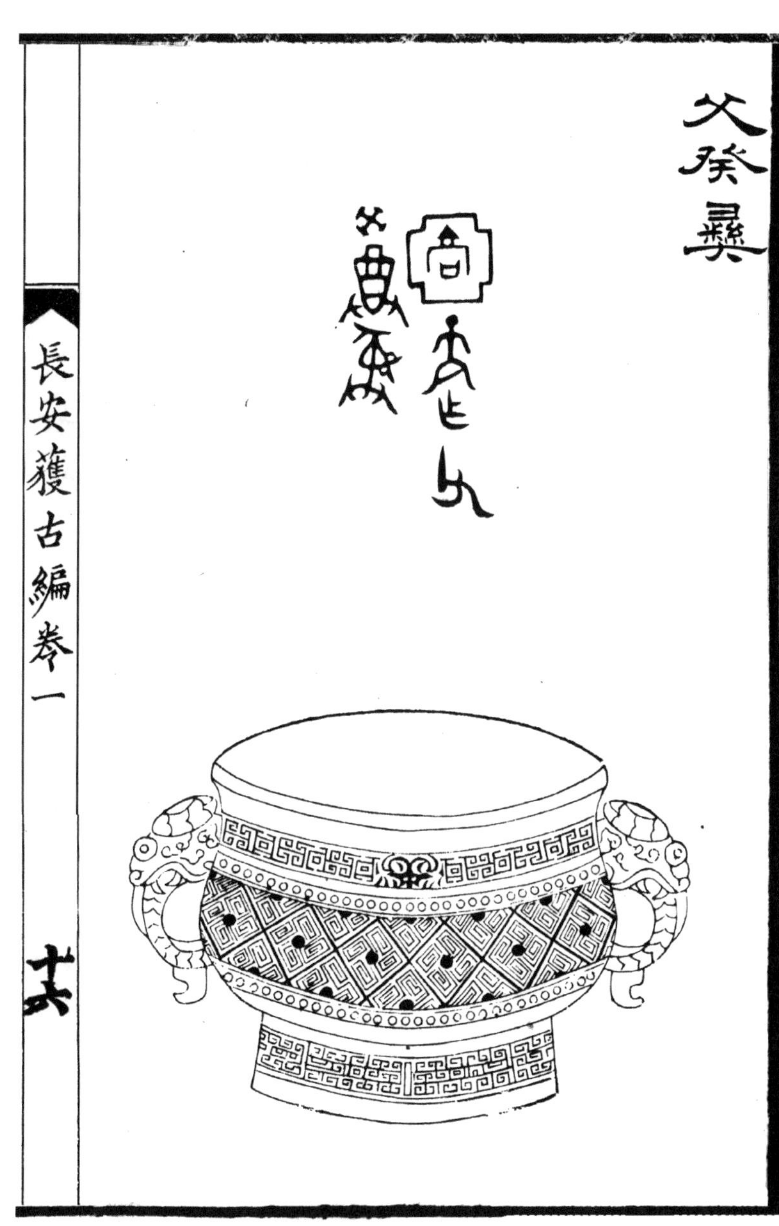

長安獲古編卷一

長安獲古編卷一

效卣

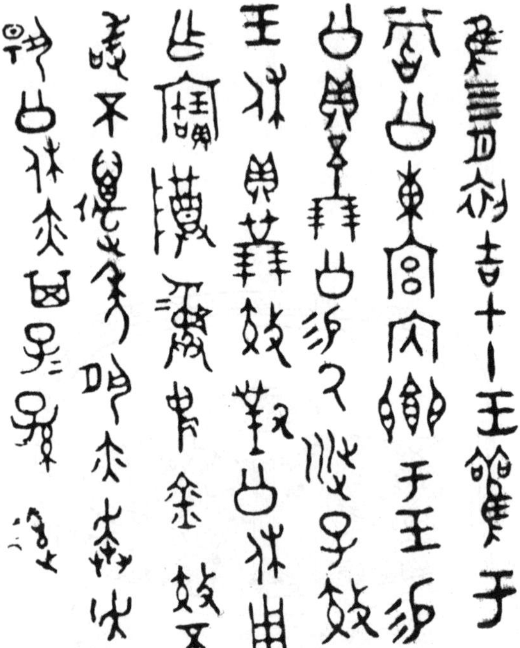

效卣

蓋

器

長安獲古編卷一

十八

父戊卣

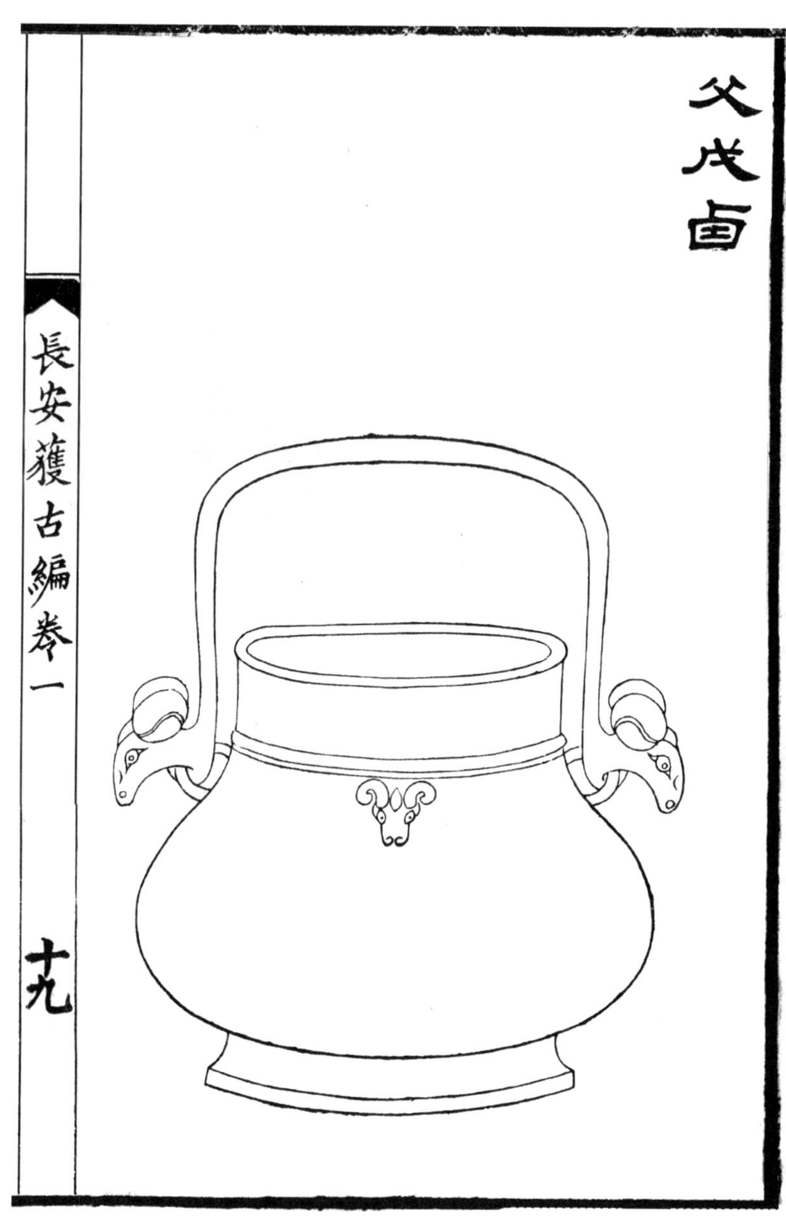

長安獲古編卷一

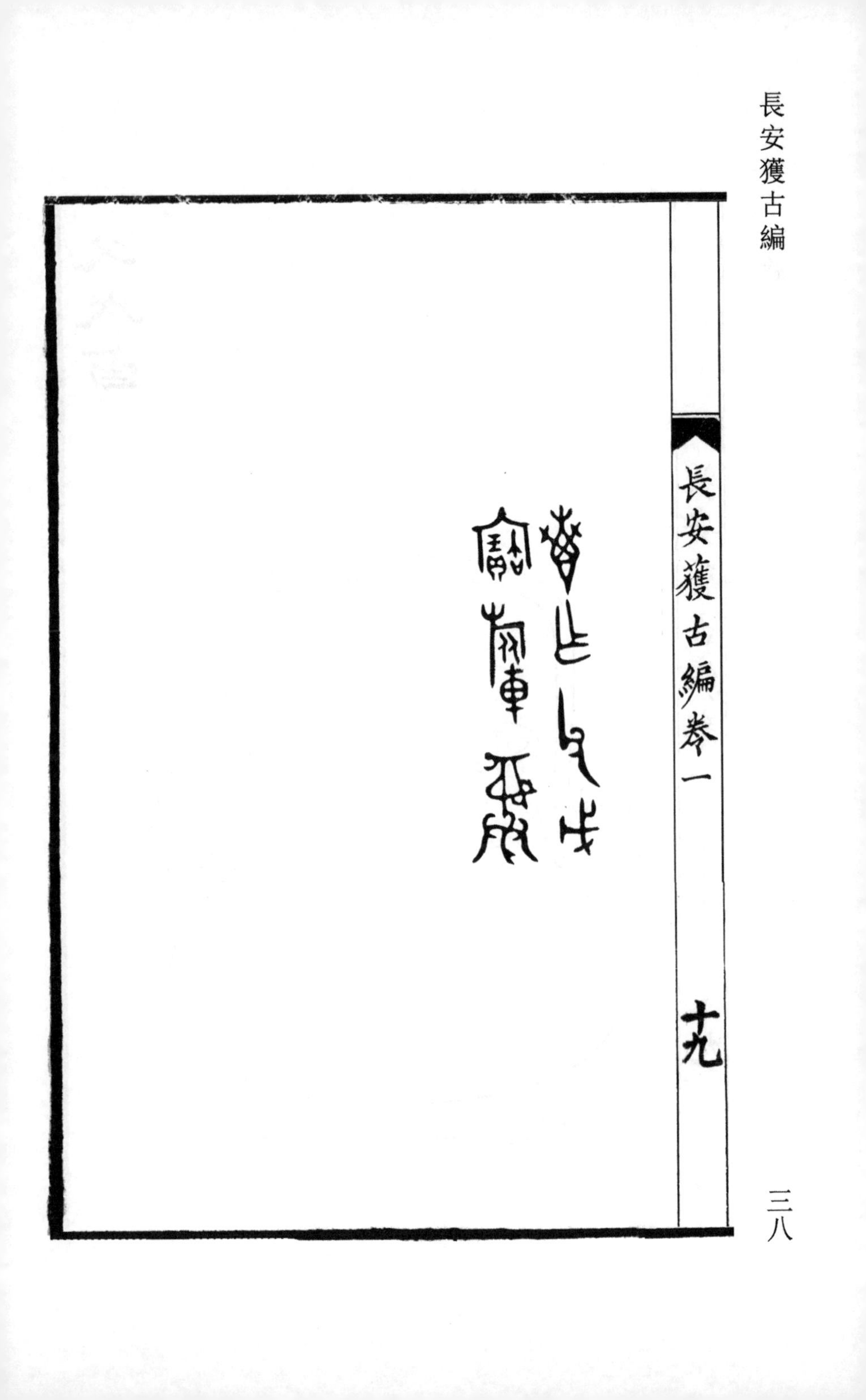

長安獲古編卷一 十九

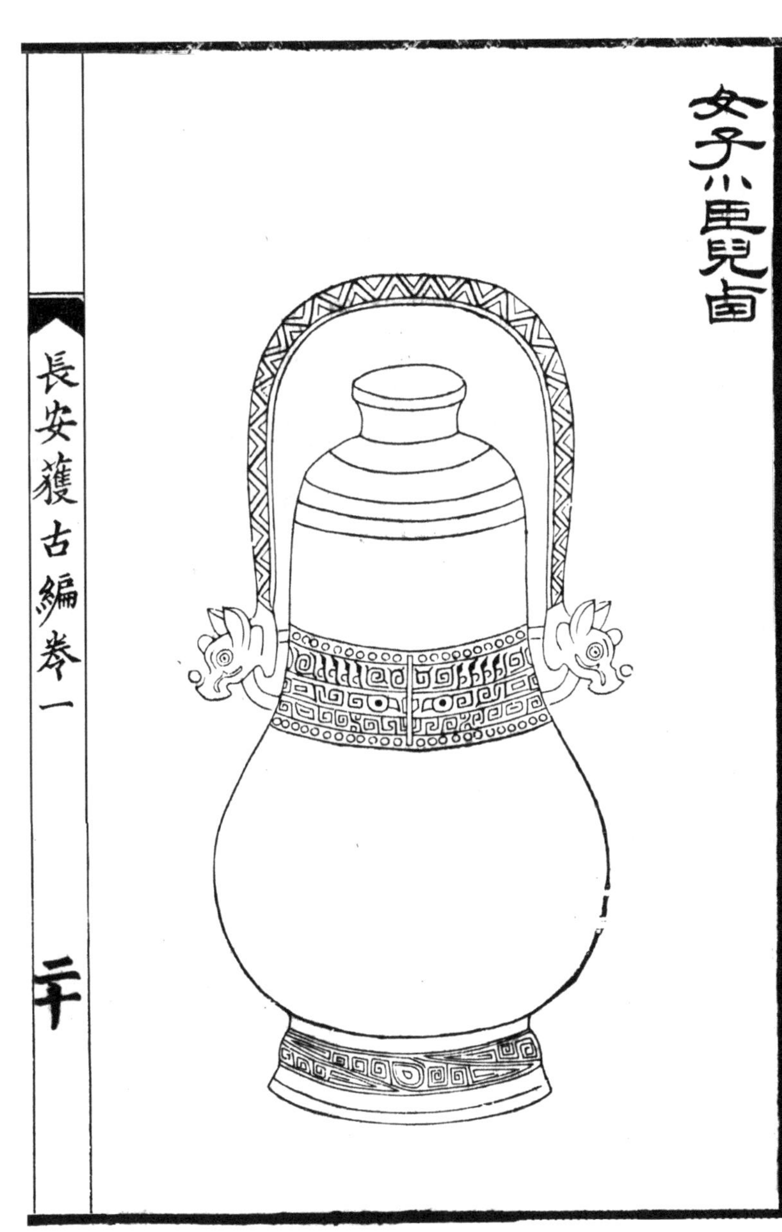

女子小臣兒卣

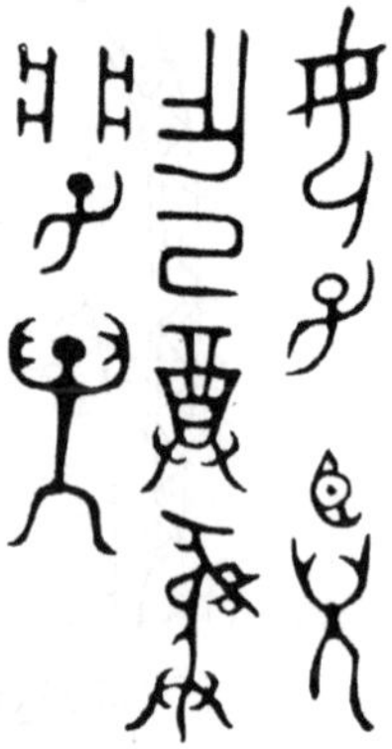

父庚卣

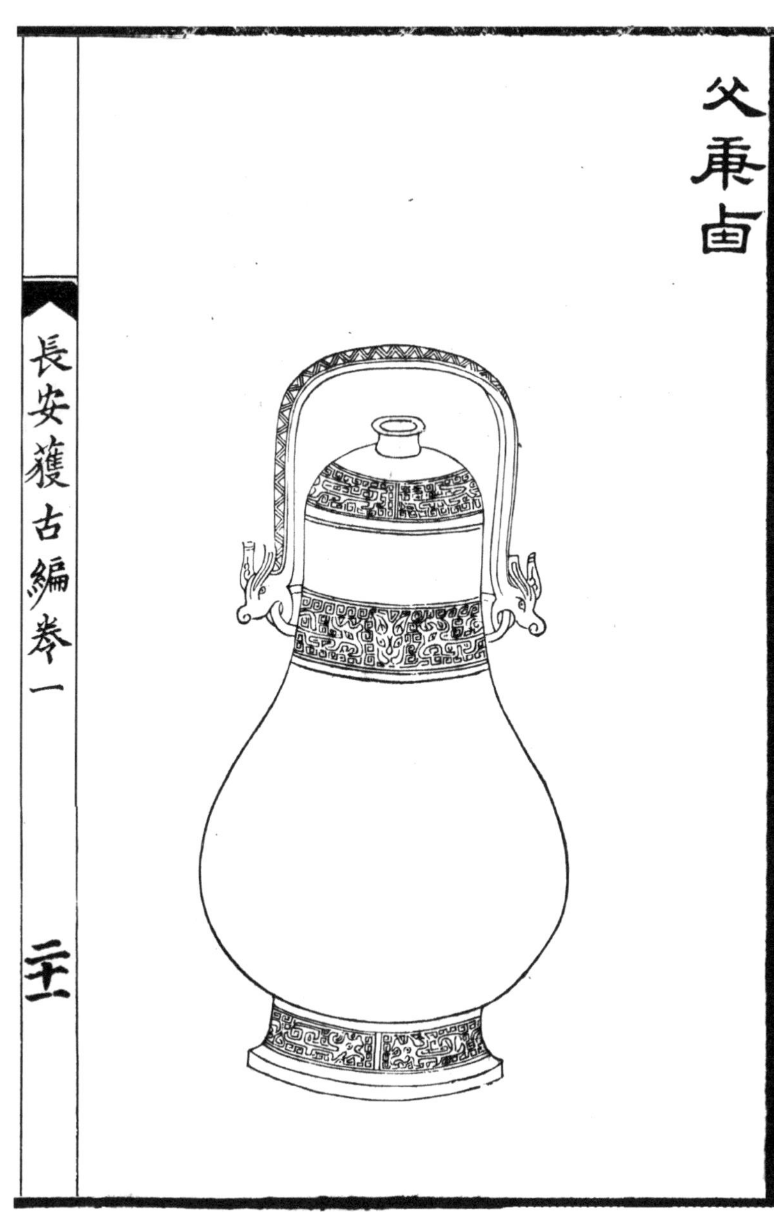

長安獲古編卷一
蓋器

中𠄡父敦蓋

中五父乍簋
其萬年永寶用

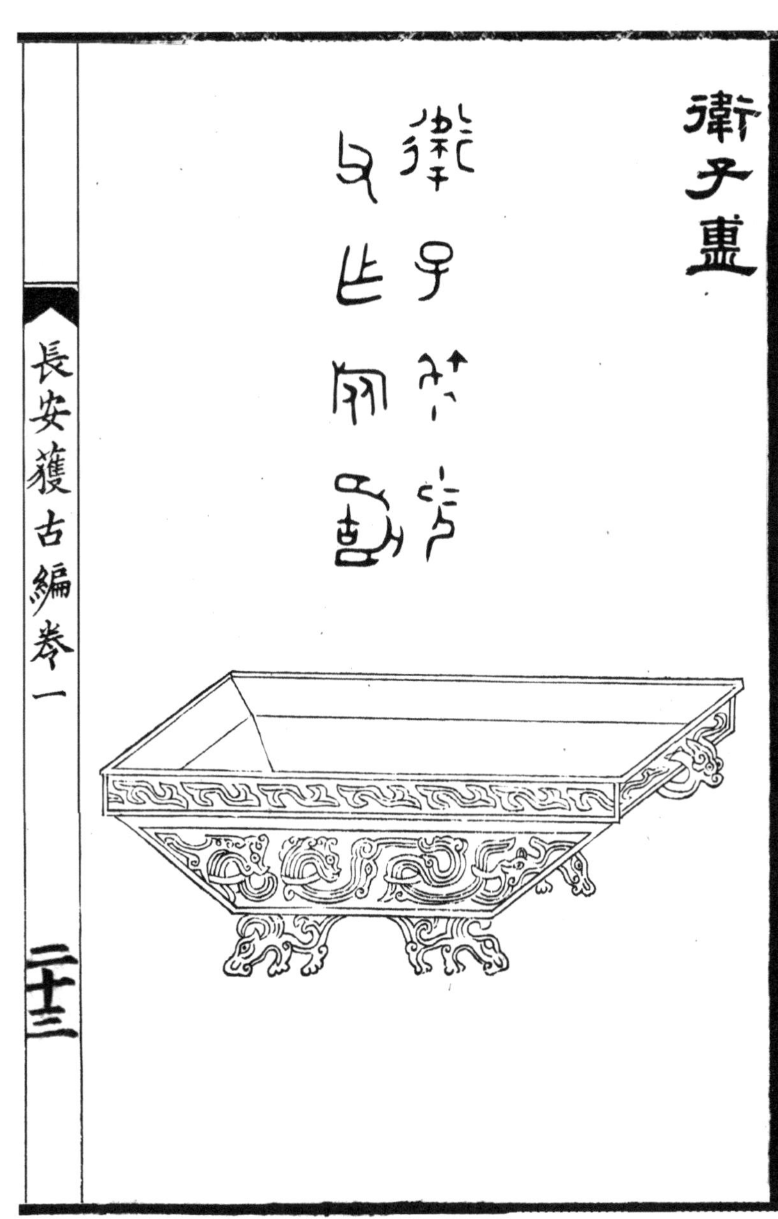

衛子盙

長安獲古編卷一

二十三

長安獲古編卷一

二十三

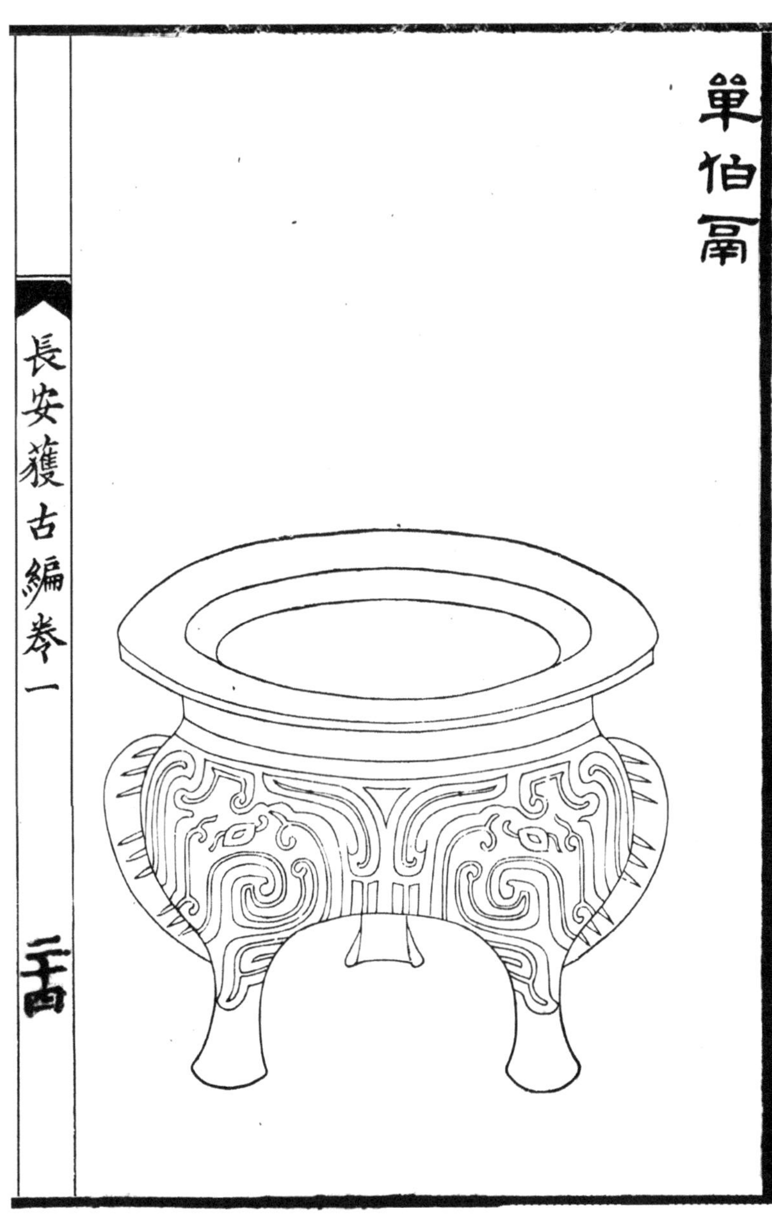
單伯鬲
長安獲古編卷一
二十四

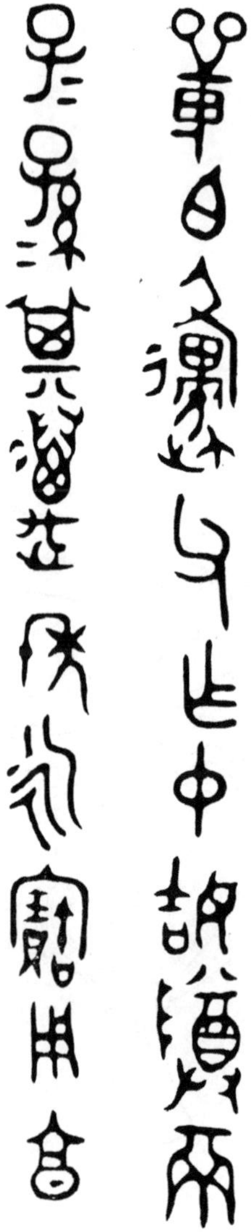

長安獲古編卷一　二十四

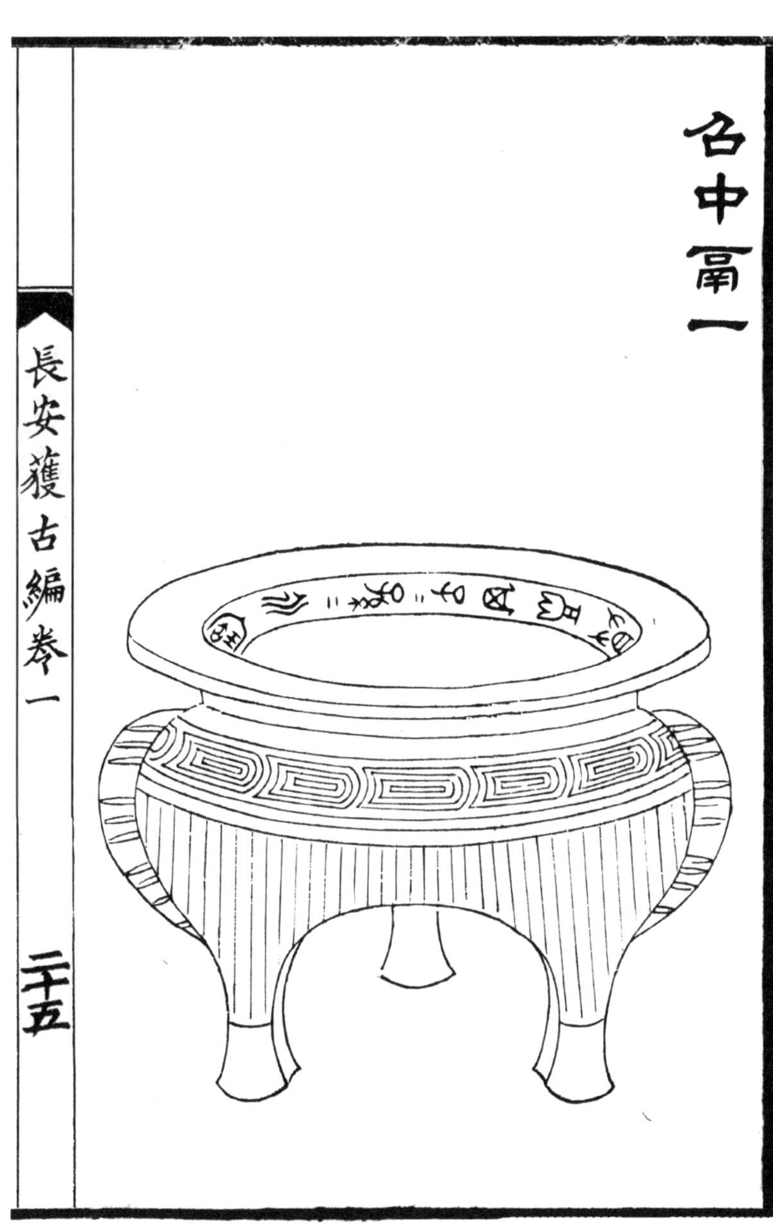

召中鬲一

長安獲古編卷一

二十五

吉中彐生仲夏丙午子子孫孫永寶用

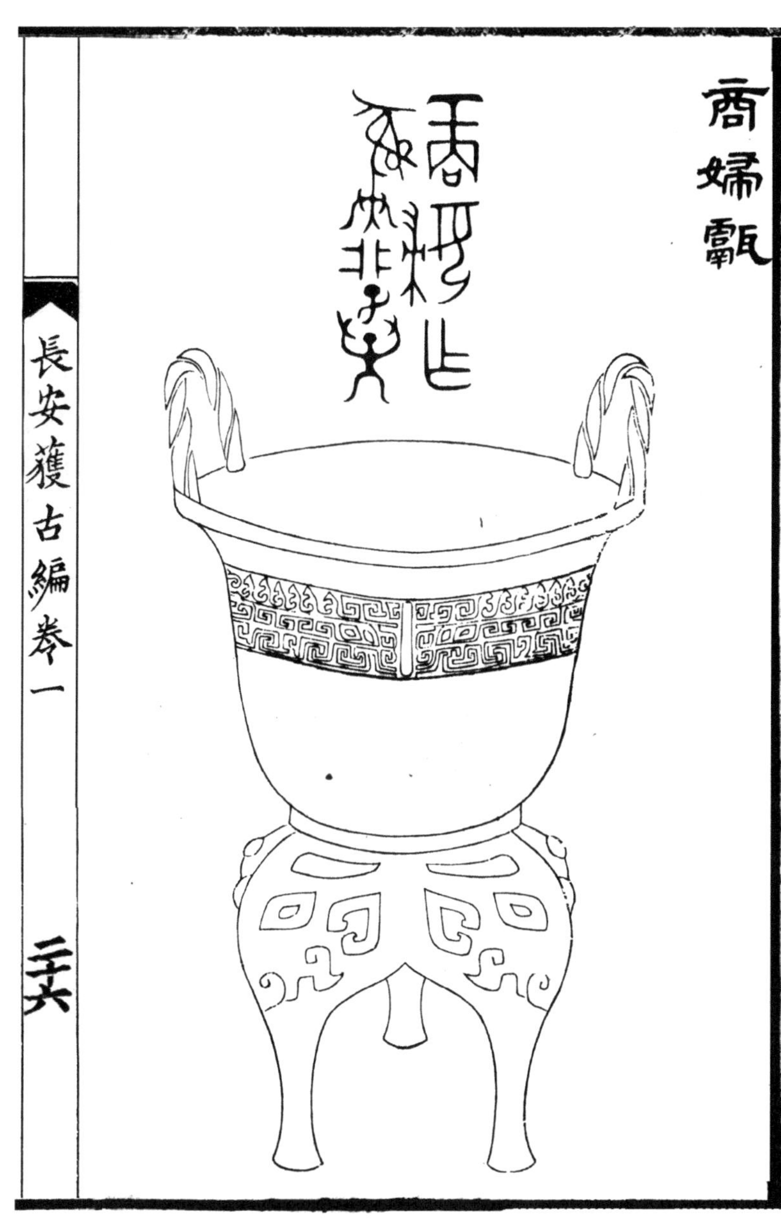
商婦甗
長安獲古編卷一
二十六

父乙盉

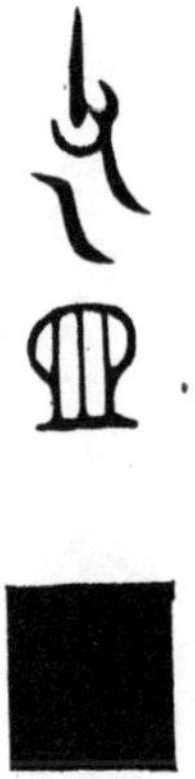

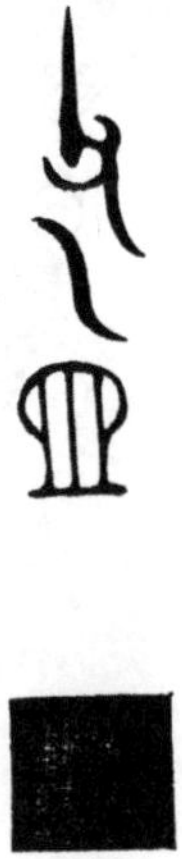

王盉

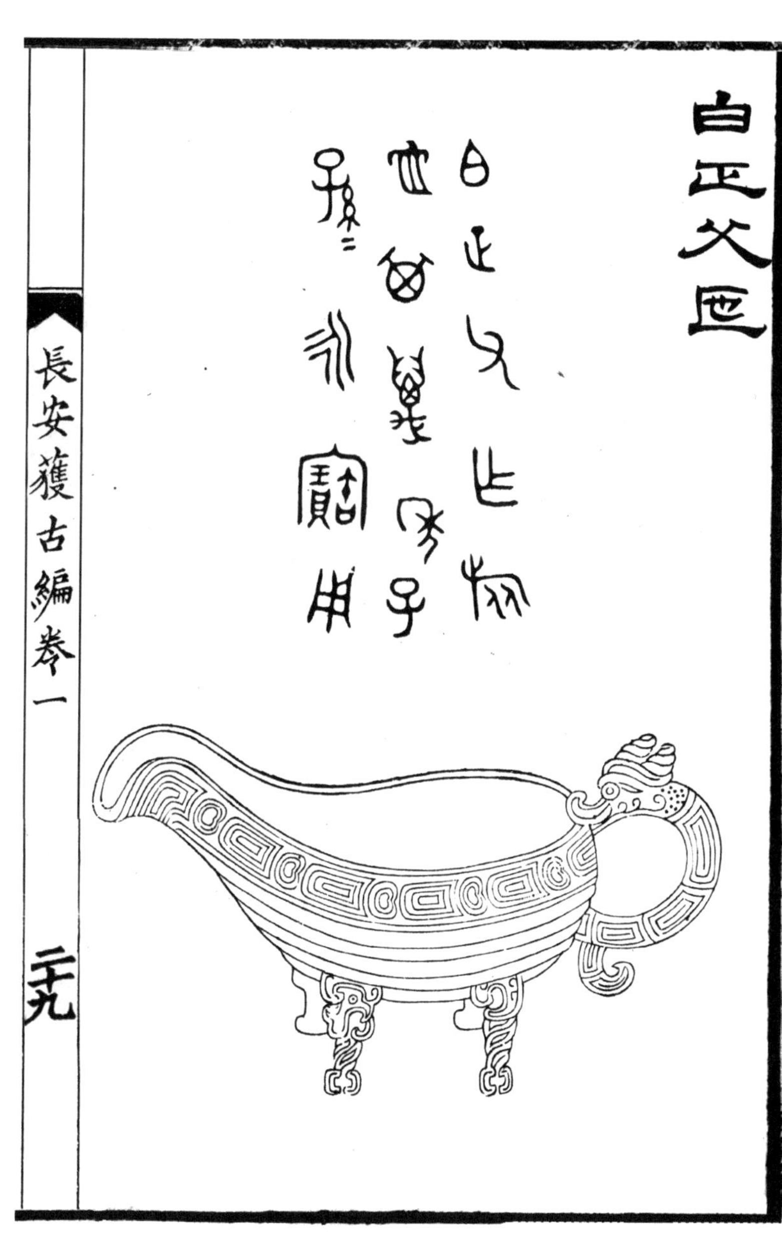
白正父匜
長安獲古編卷一
二九

長安獲古編卷一 二十九

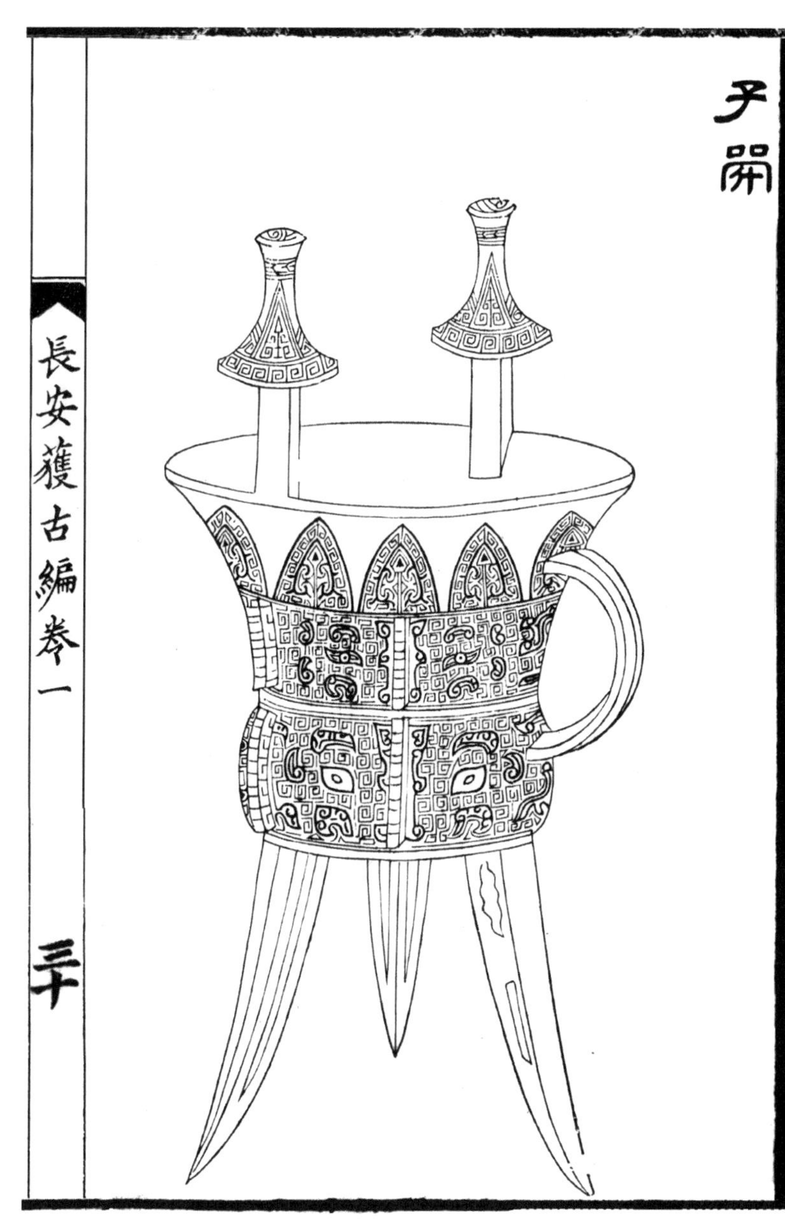
子開
長安獲古編卷一
三十

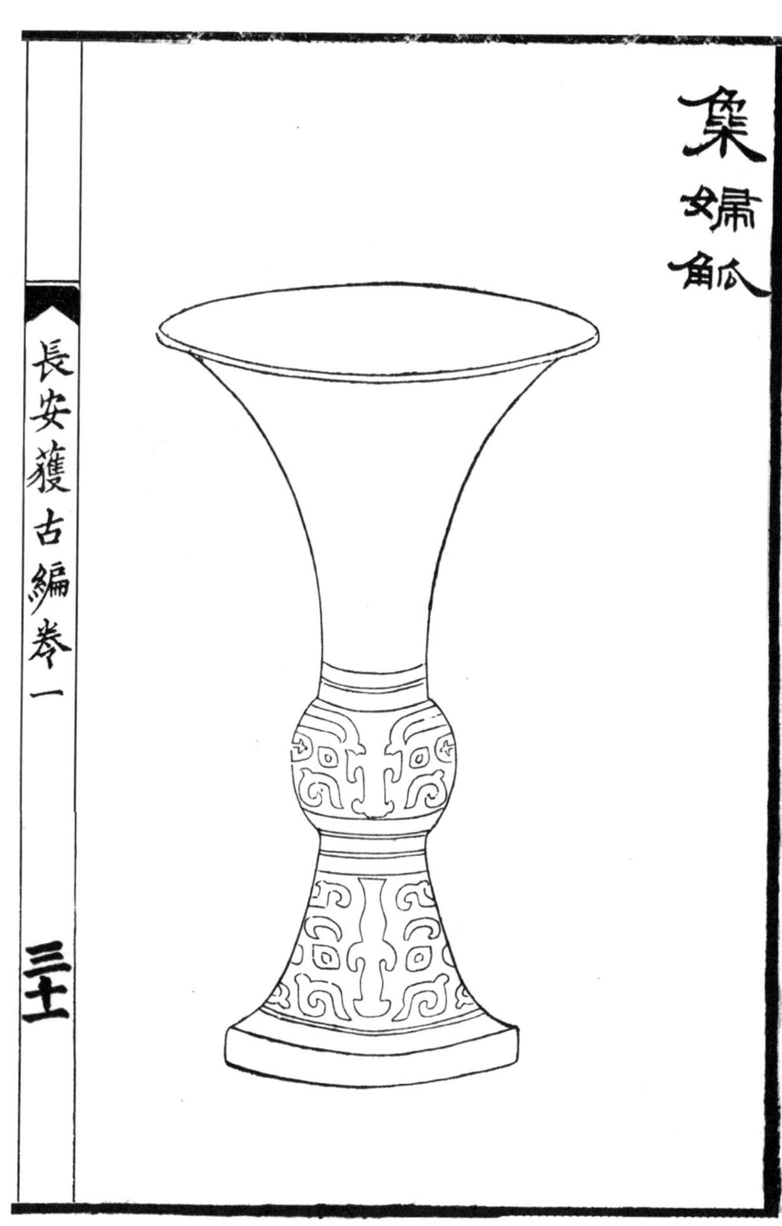
長安獲古編卷一
三十

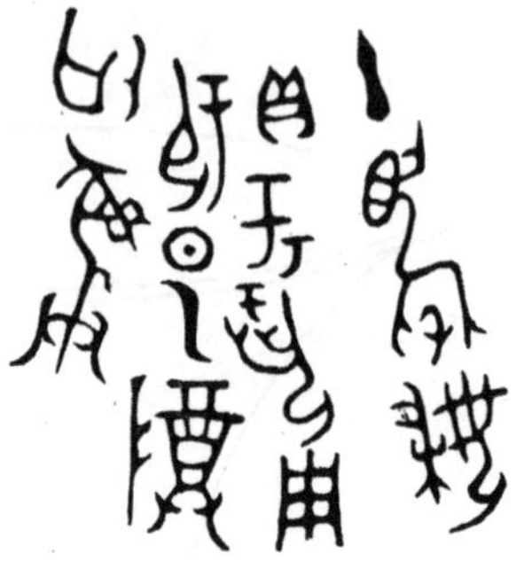

長安獲古編卷一　三十一

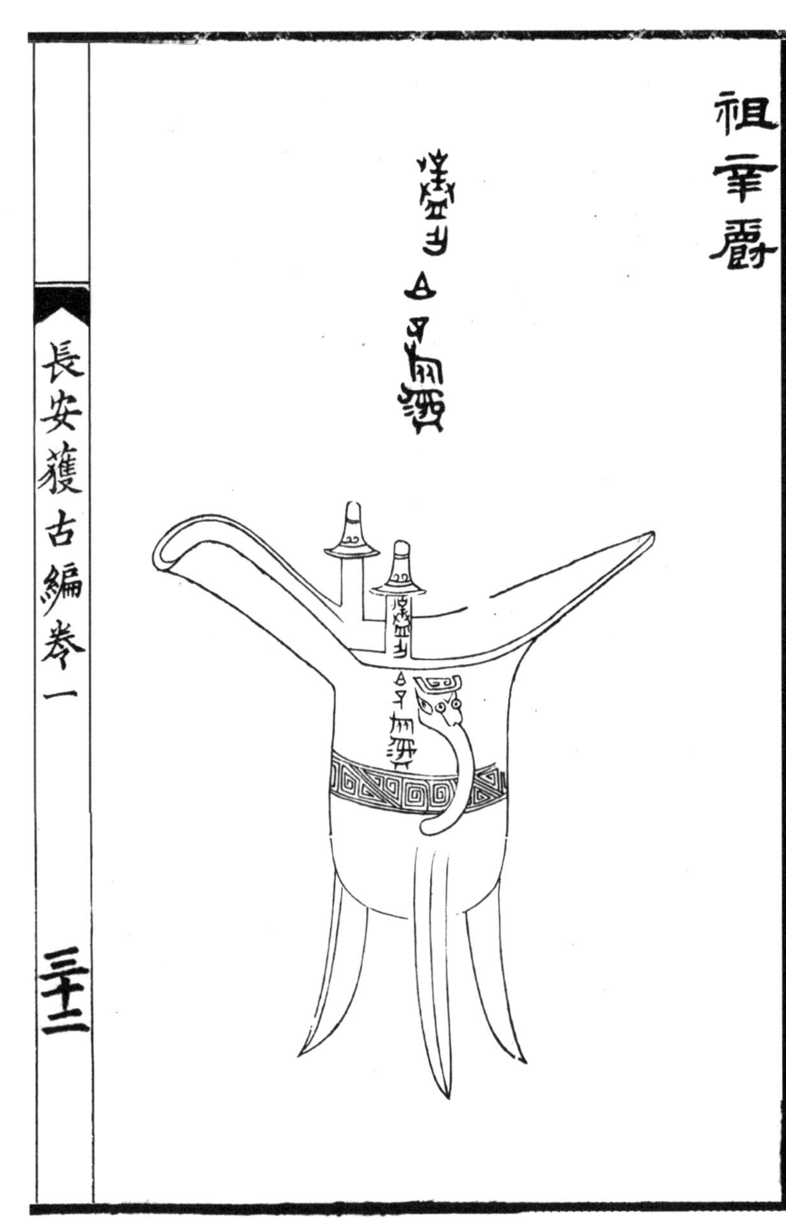
祖辛爵
長安獲古編卷一
三十二

長安獲古編卷一

三十二

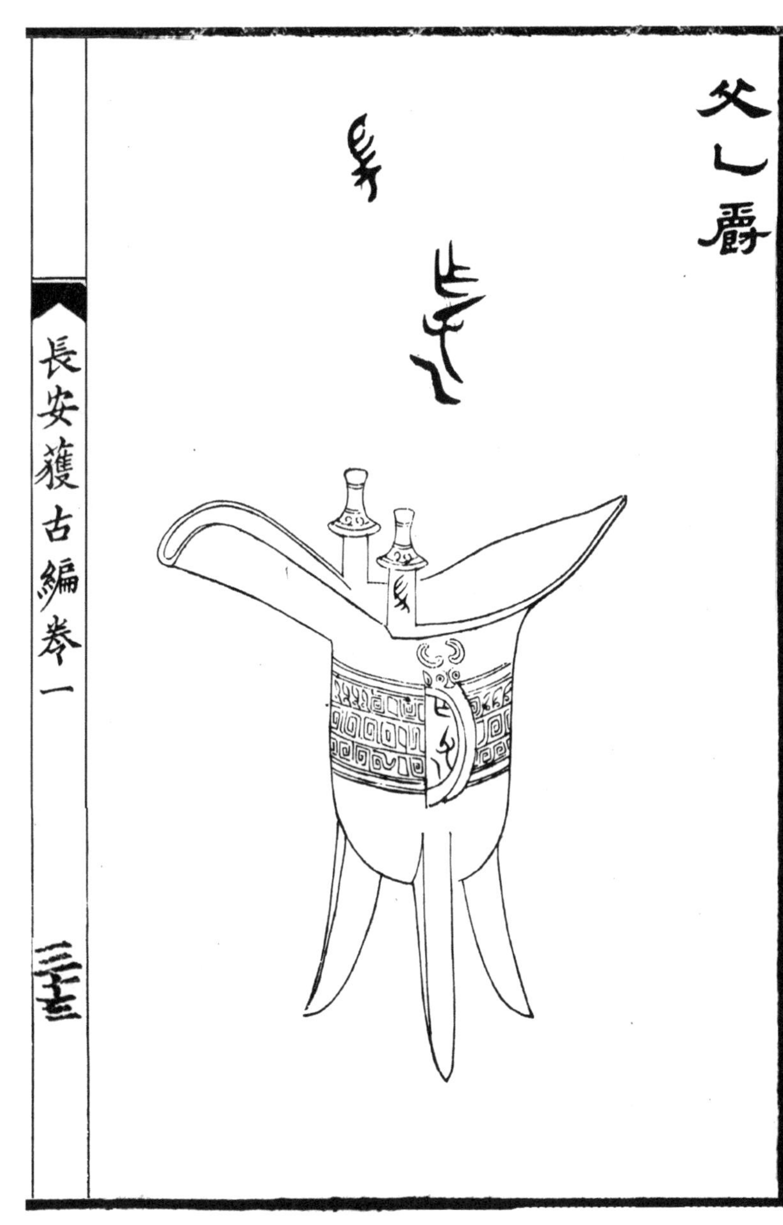
父乙爵
長安獲古編卷一
三十五

長安獲古編卷一

三十三

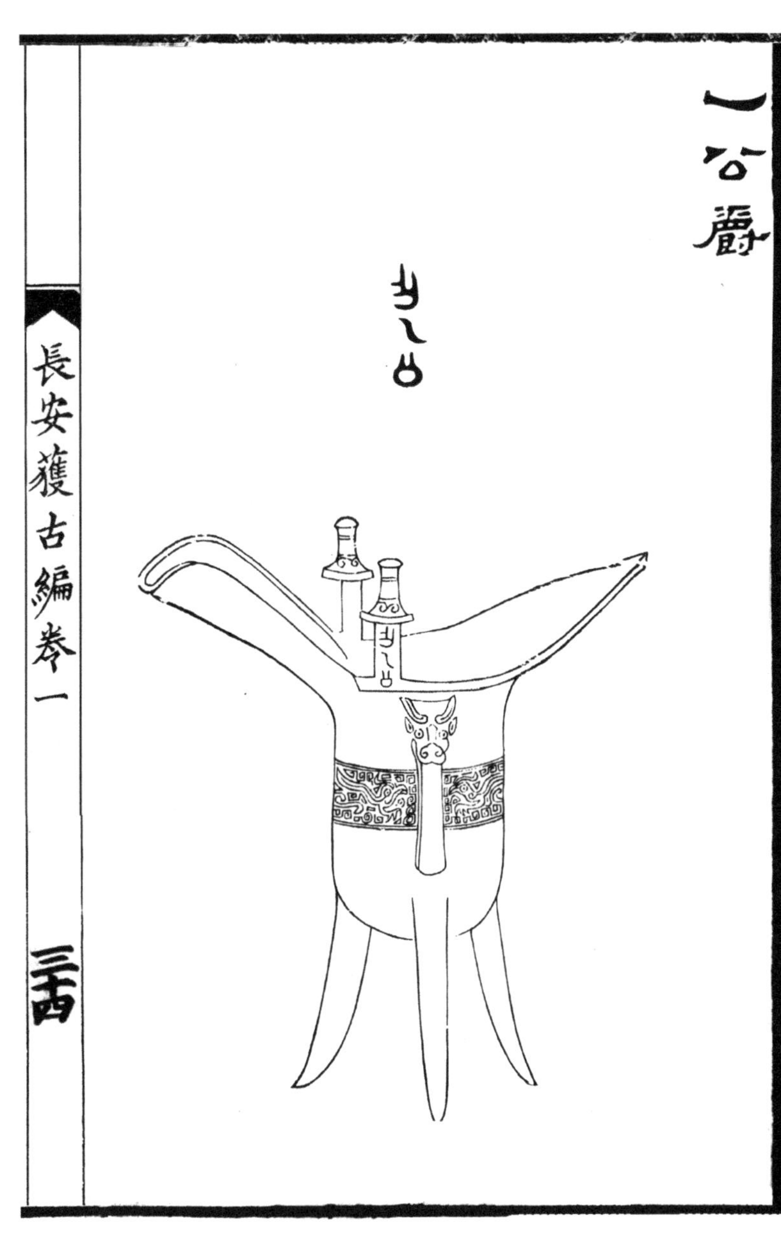

乙公爵

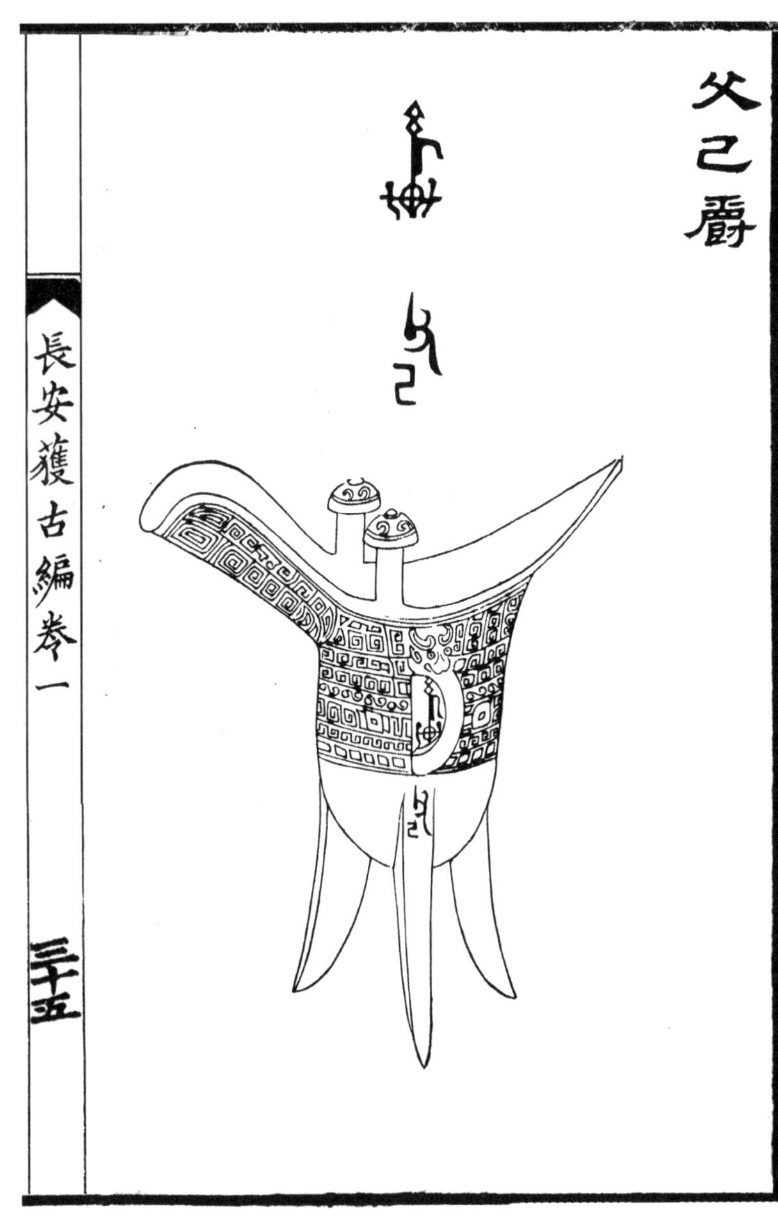
父己爵
長安獲古編卷一
三十五

長安獲古編卷一　三十五

父戊爵

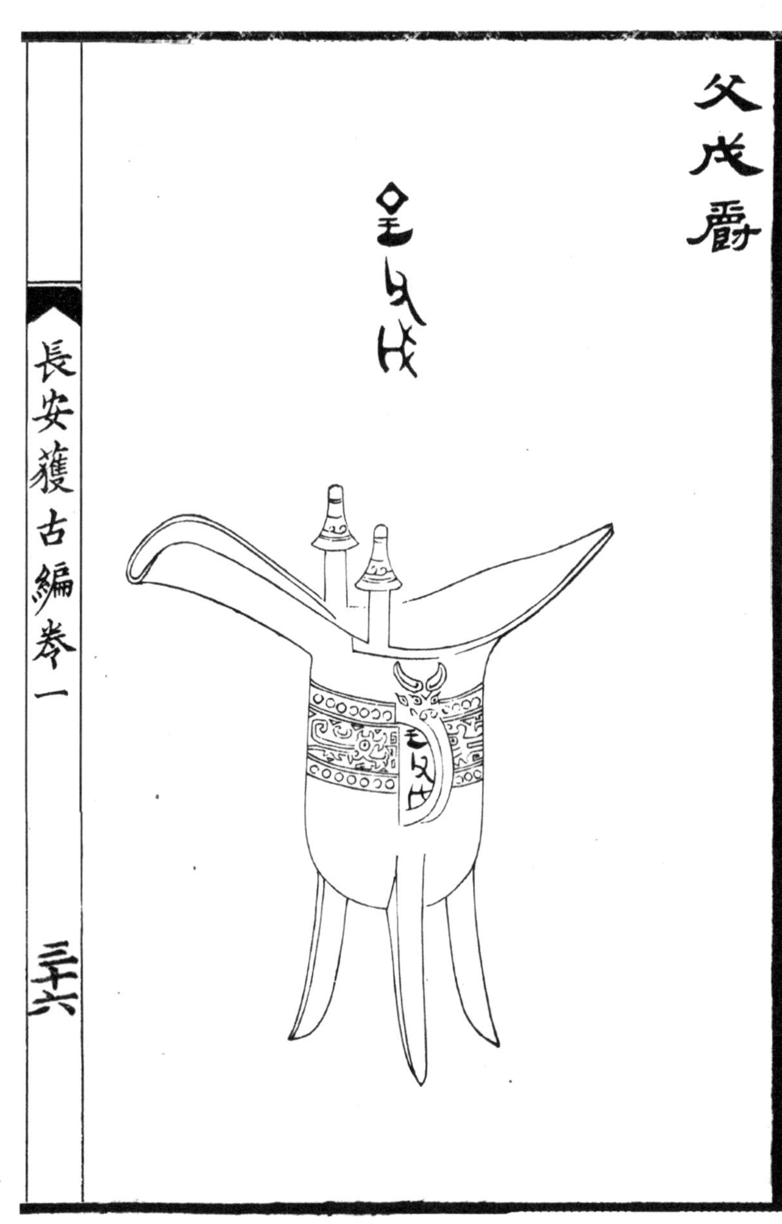

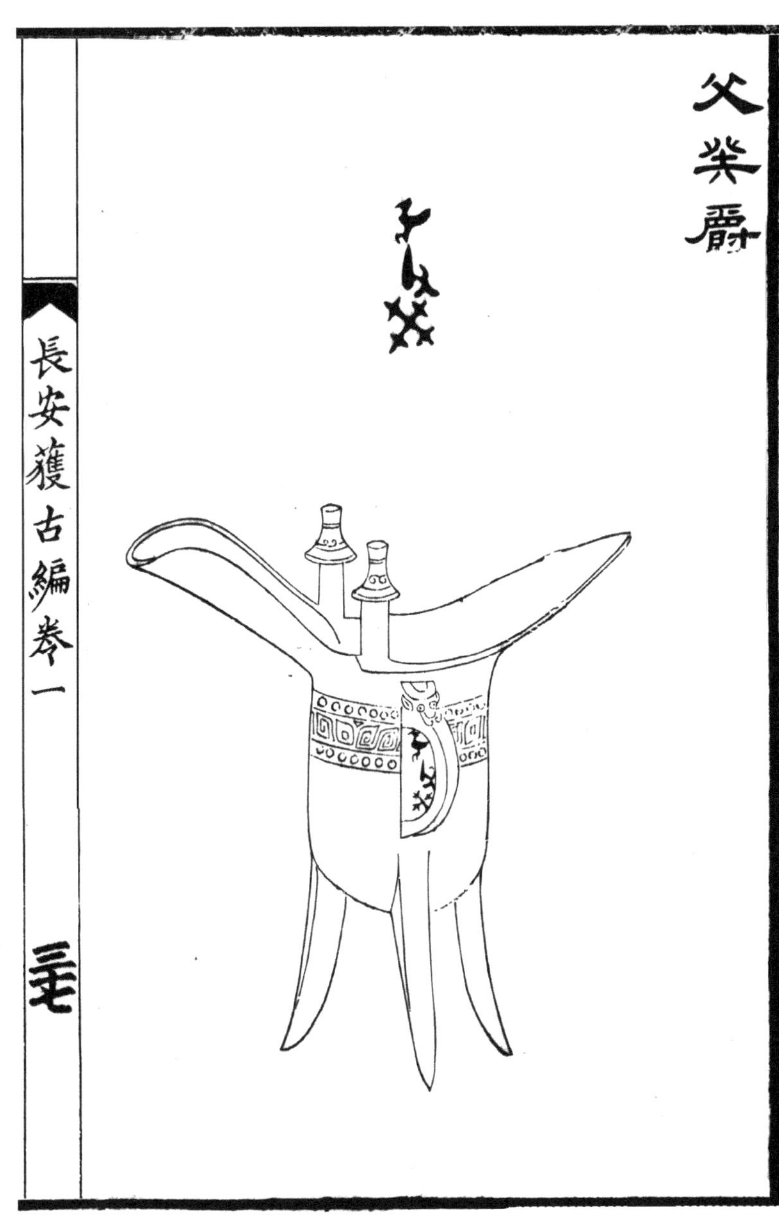
父癸爵
長安獲古編卷一
三七

長安獲古編卷一

父癸爵

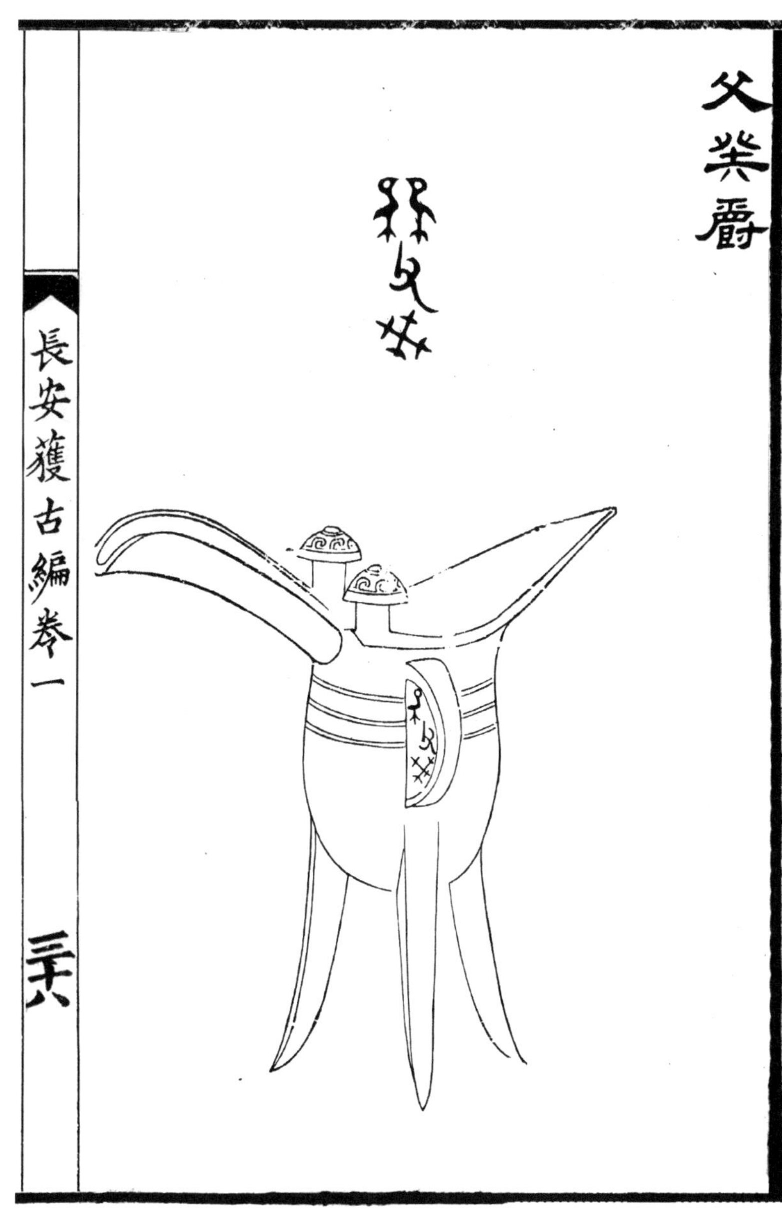

父己爵

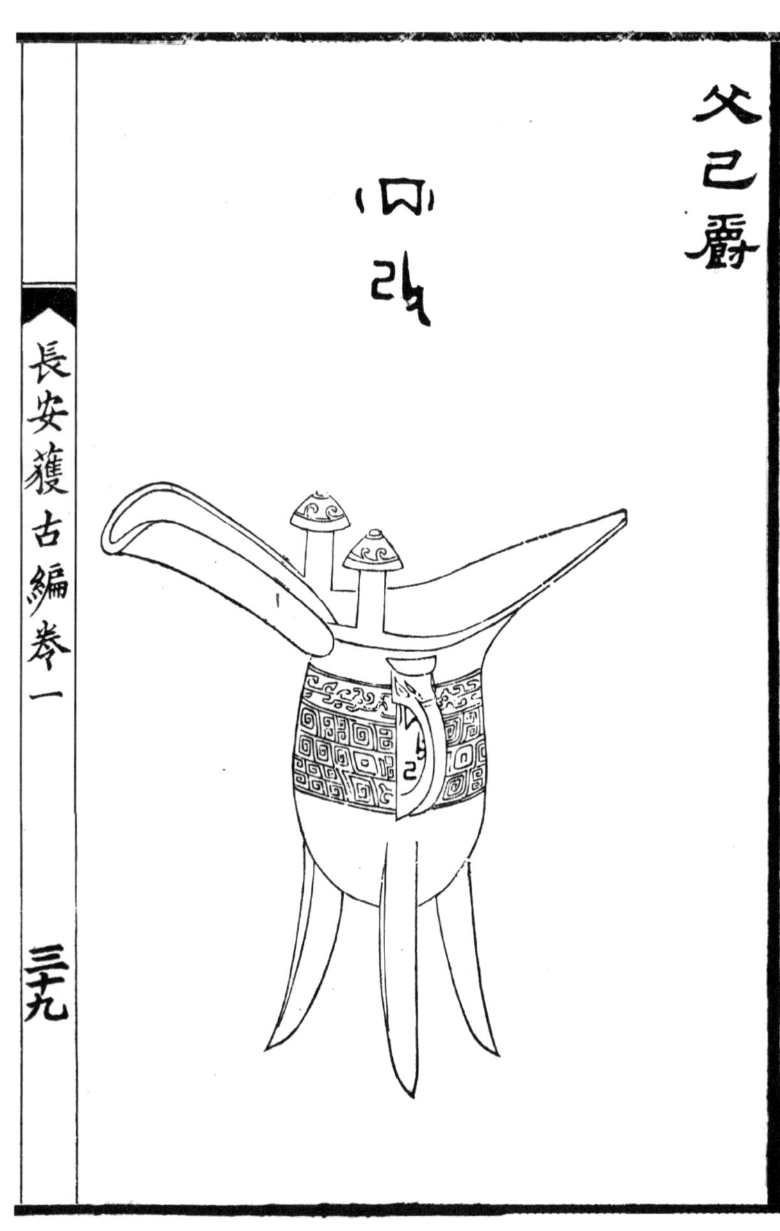

婦女觶

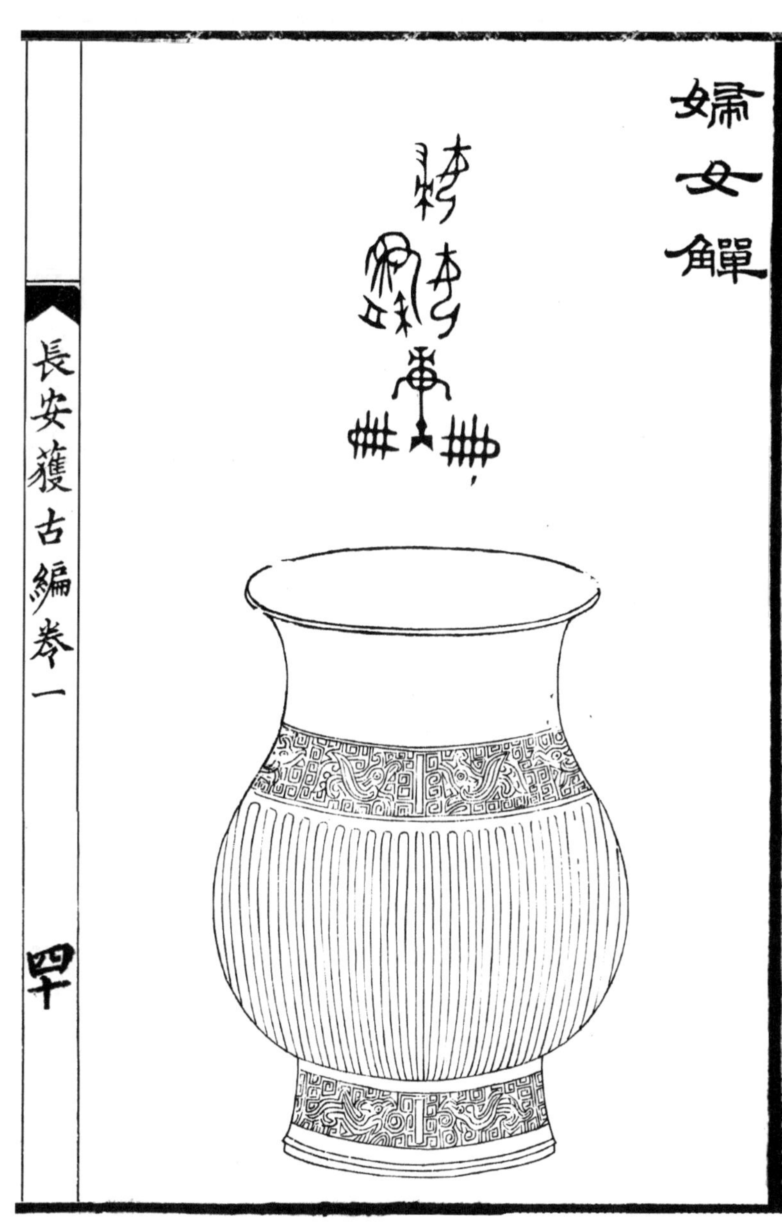

長安獲古編卷一　四十

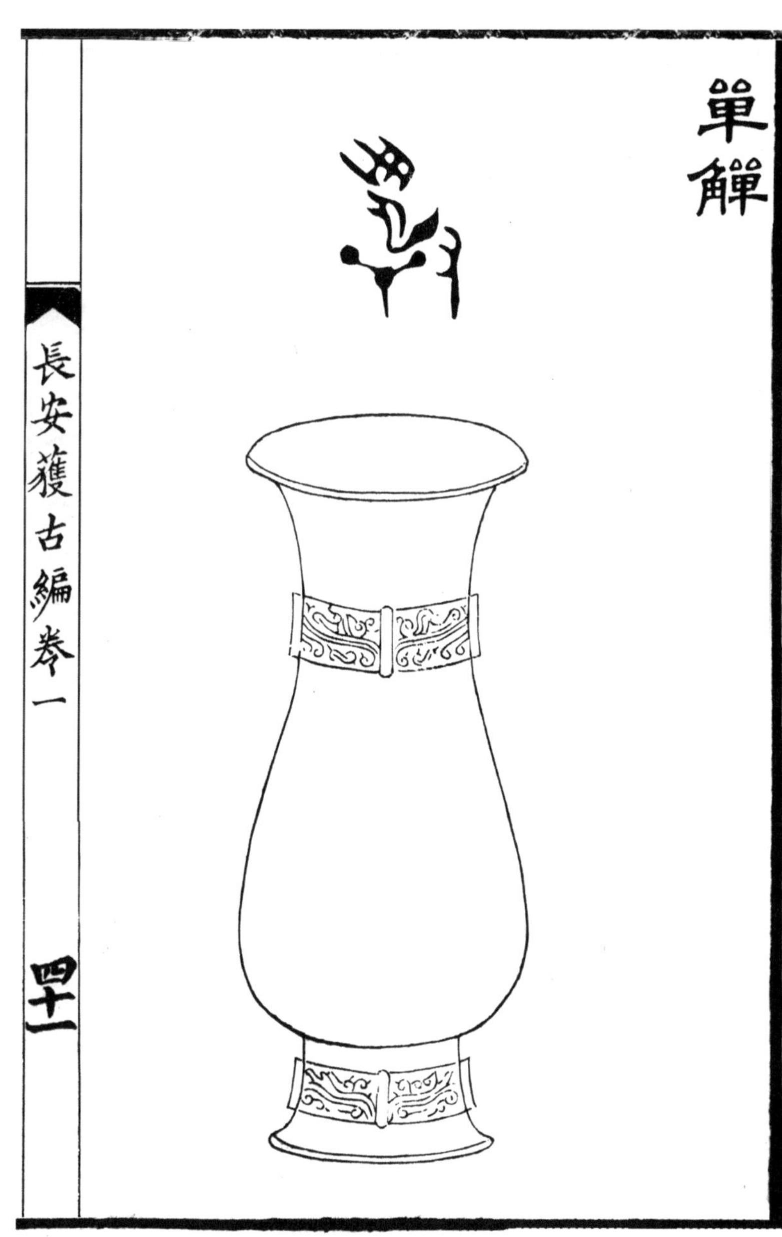
單觶
長安獲古編卷一
四十一

長安獲古編卷一 四十二

父丁觶
長安獲古編卷一
四十二

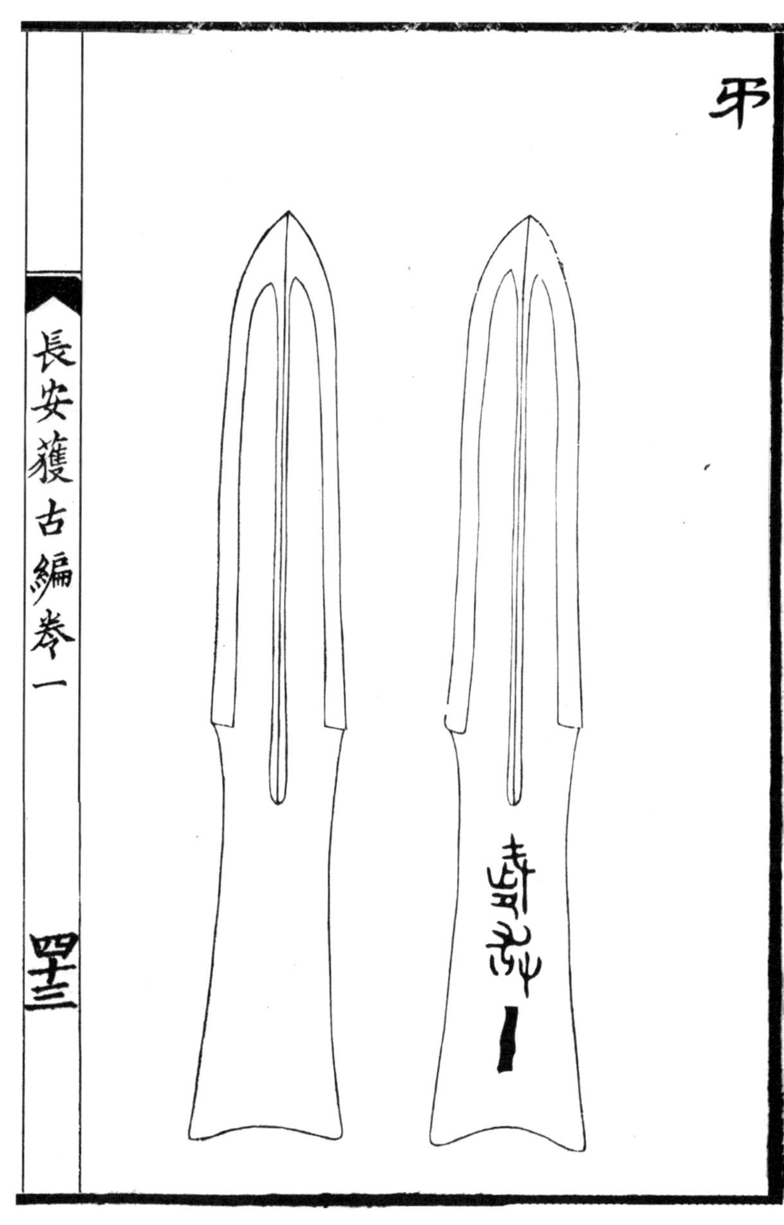
長安獲古編卷一

秦權詔版

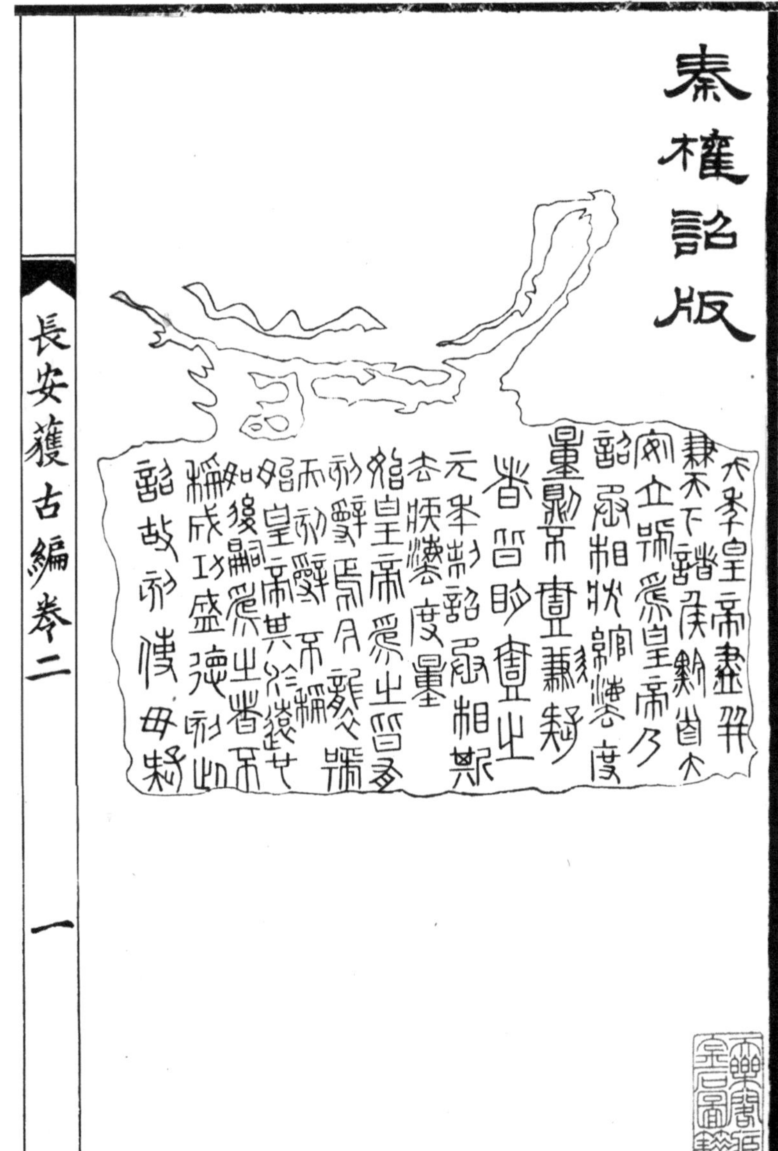

秦二世詔版一

元年制詔丞相斯去疾法度量盡始皇帝為之皆有刻辭焉今襲號而刻辭不稱始皇帝其於久遠也如後嗣為之者不稱成功盛德刻此詔故刻左使毋疑

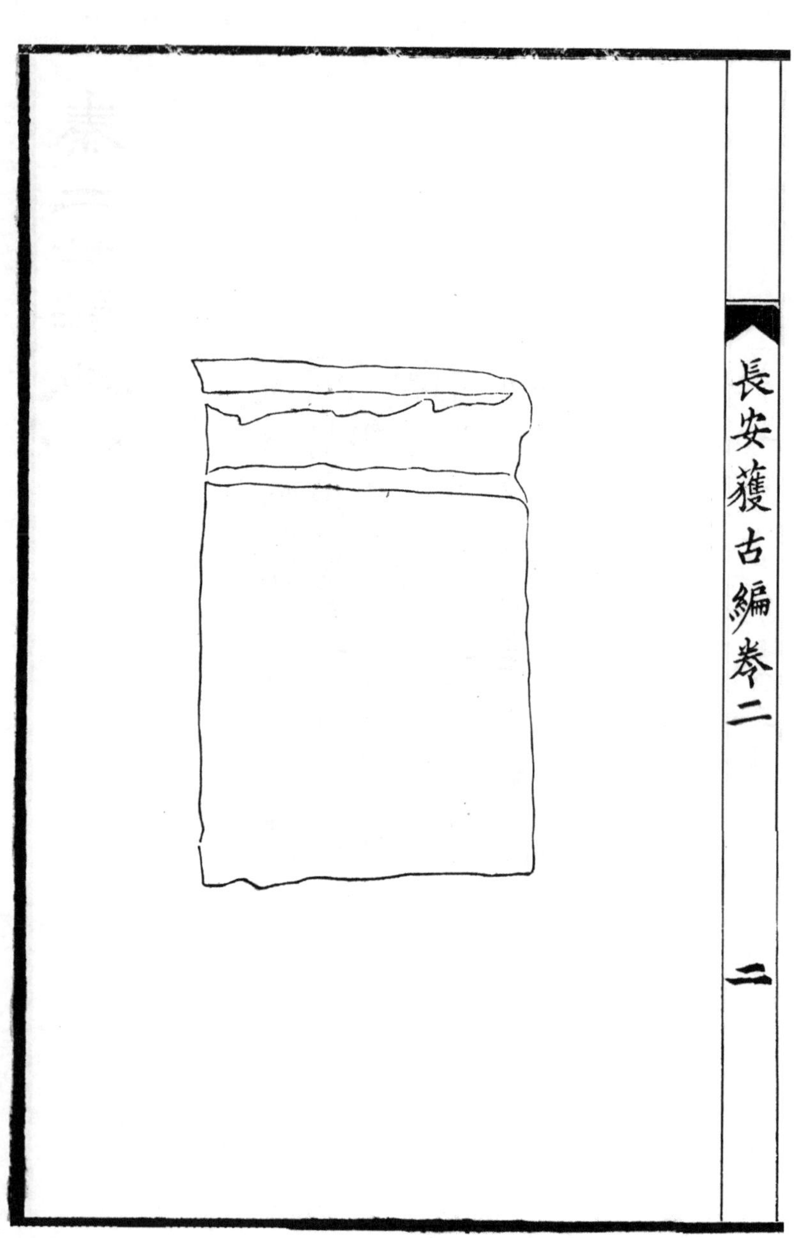

秦二世詔版 二

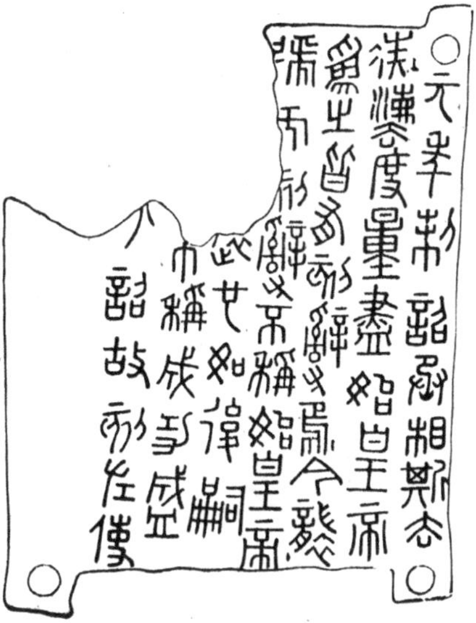

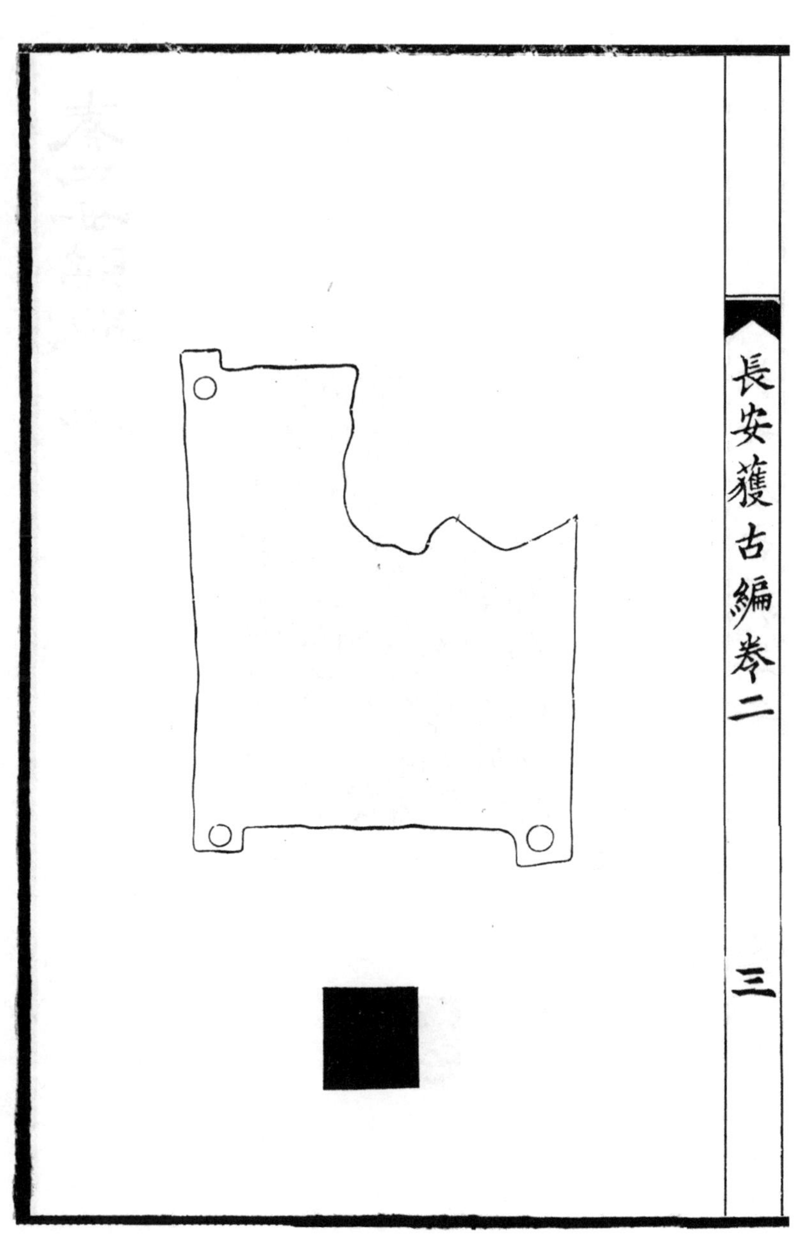

長安獲古編卷二

三

秦二世詔版 三

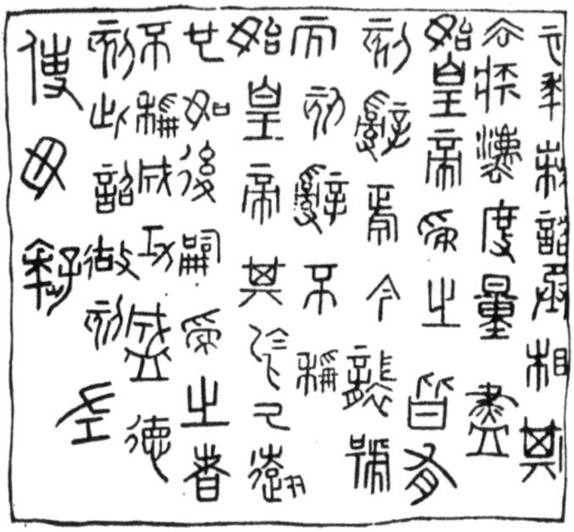
元年制詔丞相斯
去疾灋度量盡
始皇帝為之皆有
刻辭焉今襲號
而刻辭不稱始
皇帝其於久遠
也如後嗣為之者
不稱成功盛德
刻此詔故刻左
使毋疑

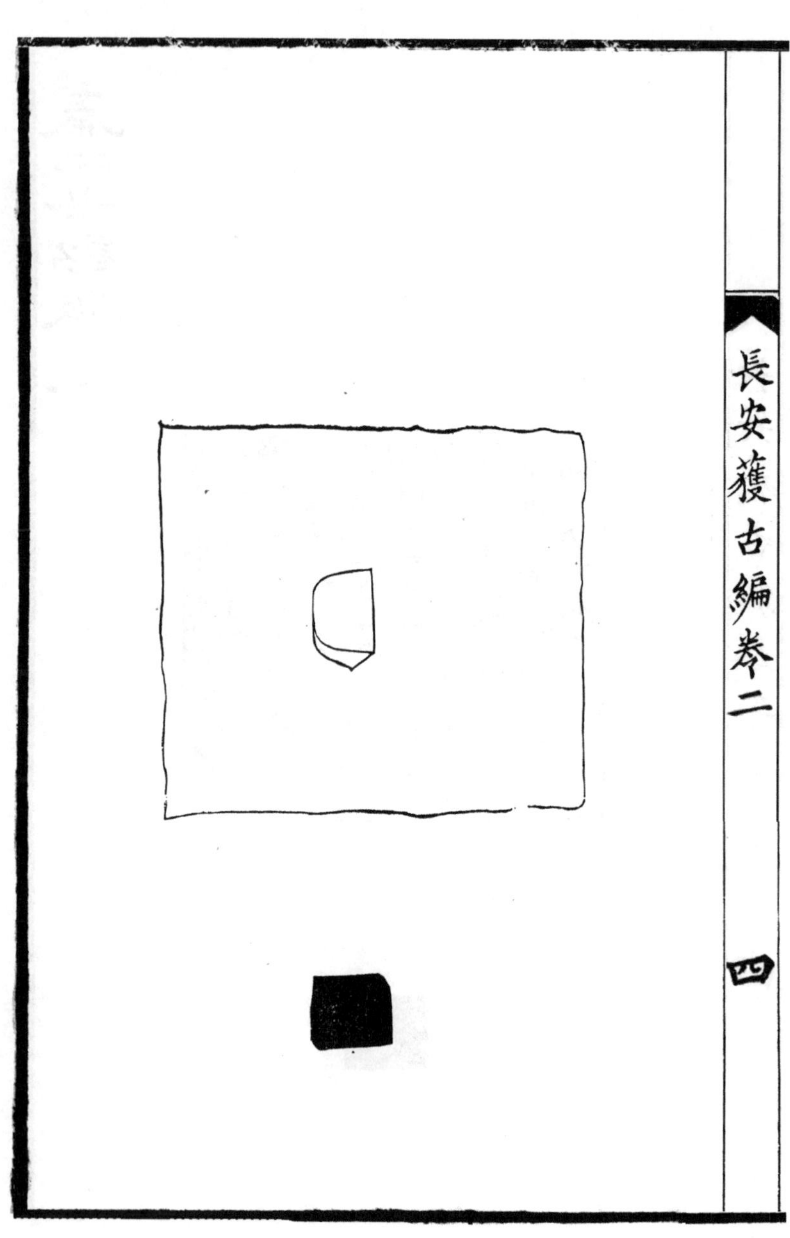

谷口鼎

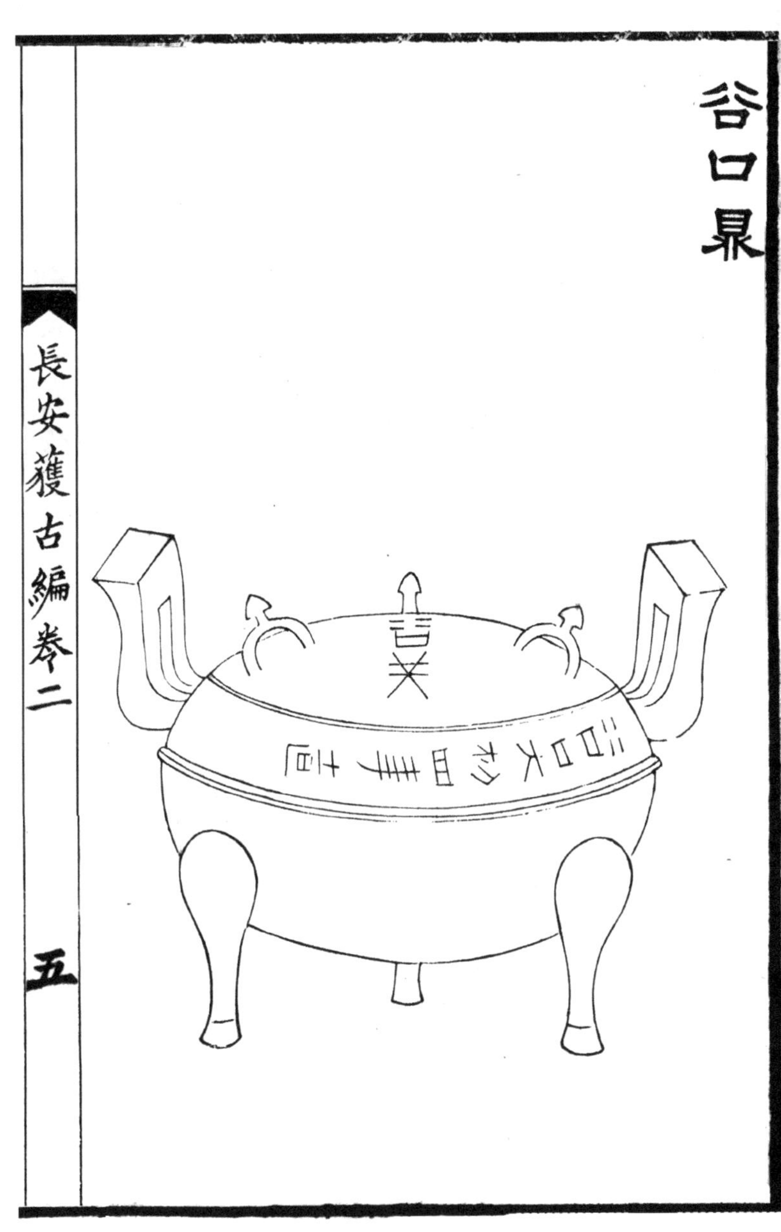

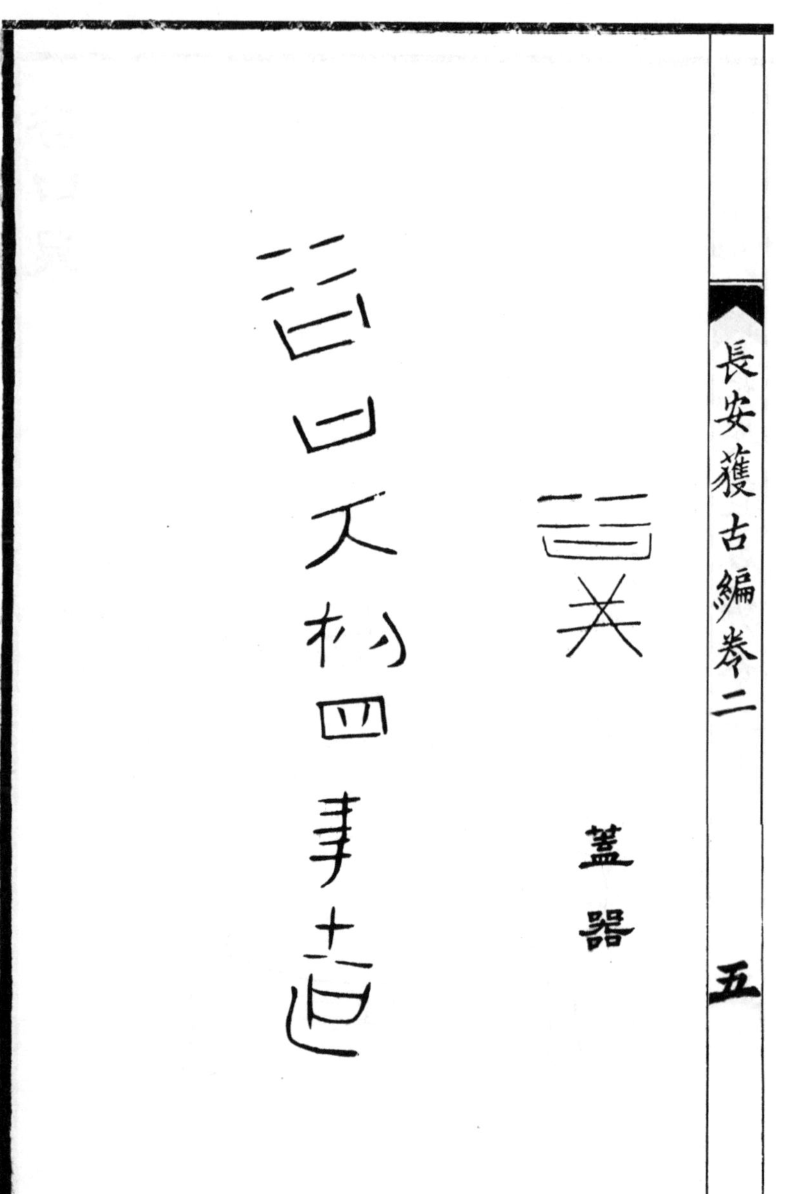

蓋　器

盩厔鼎

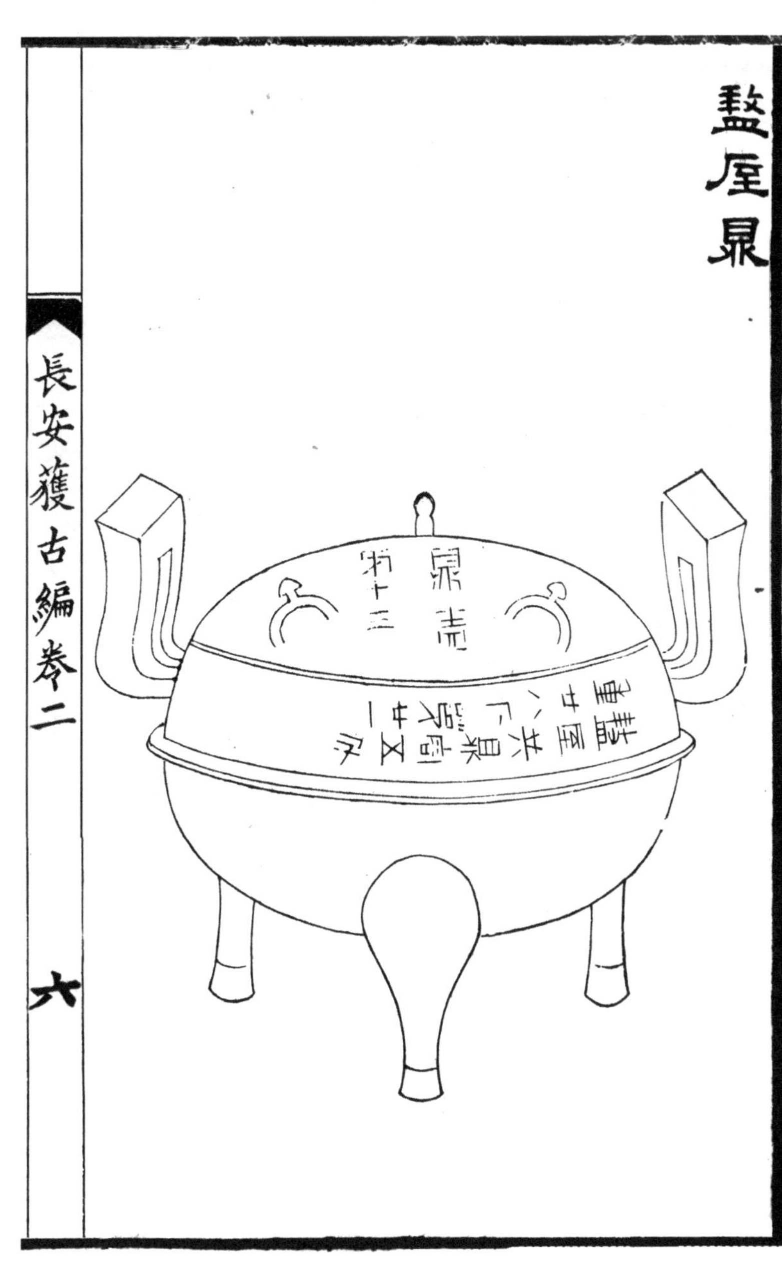

長安獲古編卷二　六

共一斗二升鼎蓋

廿三　第八十三

盩厔共鼎容五升

重廿八斤第廿一

山陽造

槖泉宮鼎蓋

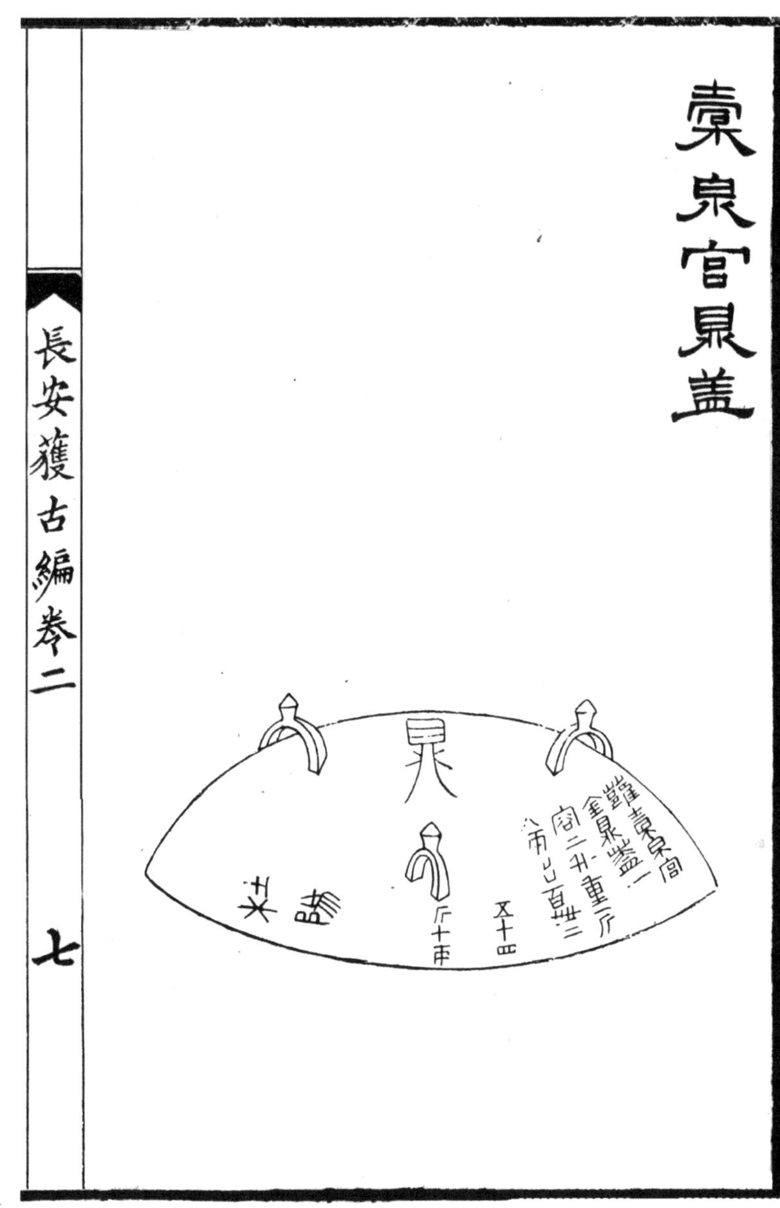

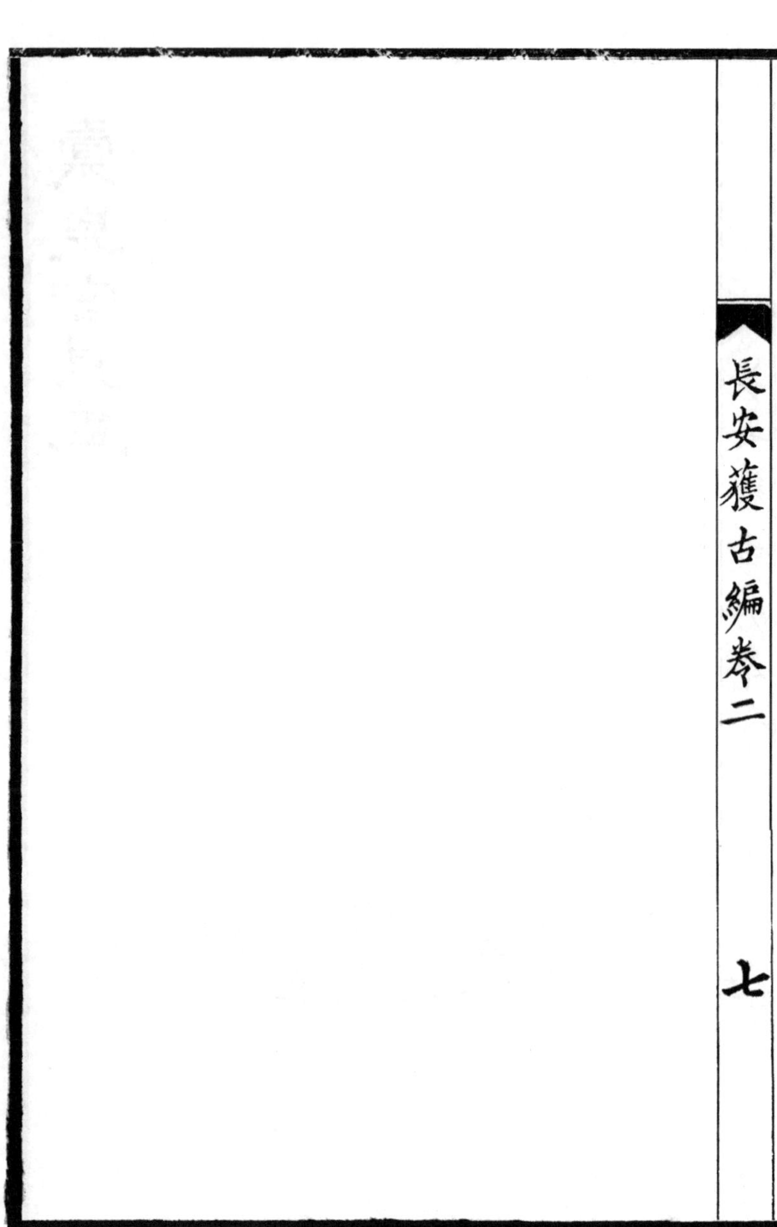

長安獲古編卷二

七

槖泉宮鼎蓋

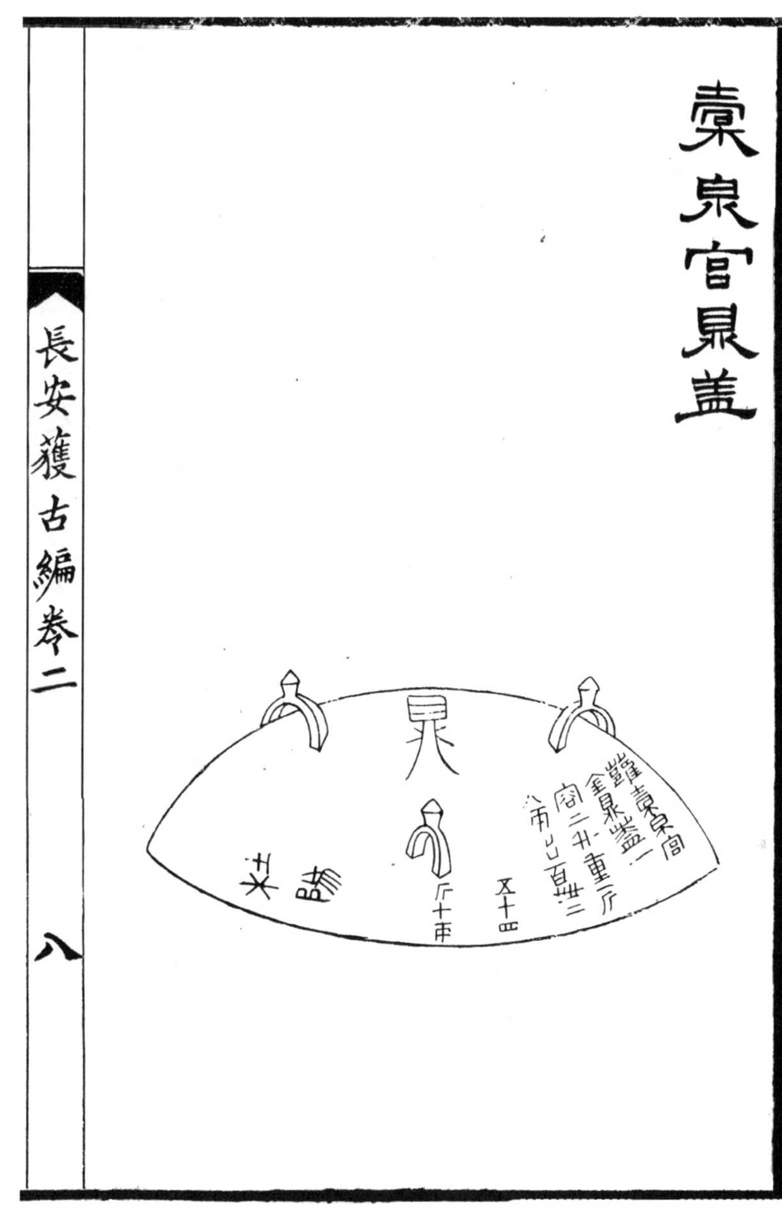

[illegible][illegible]宗宮
金鼎蓋一
容二升重一斤
八兩名百卌二

杜陵

五十四
斤十兩

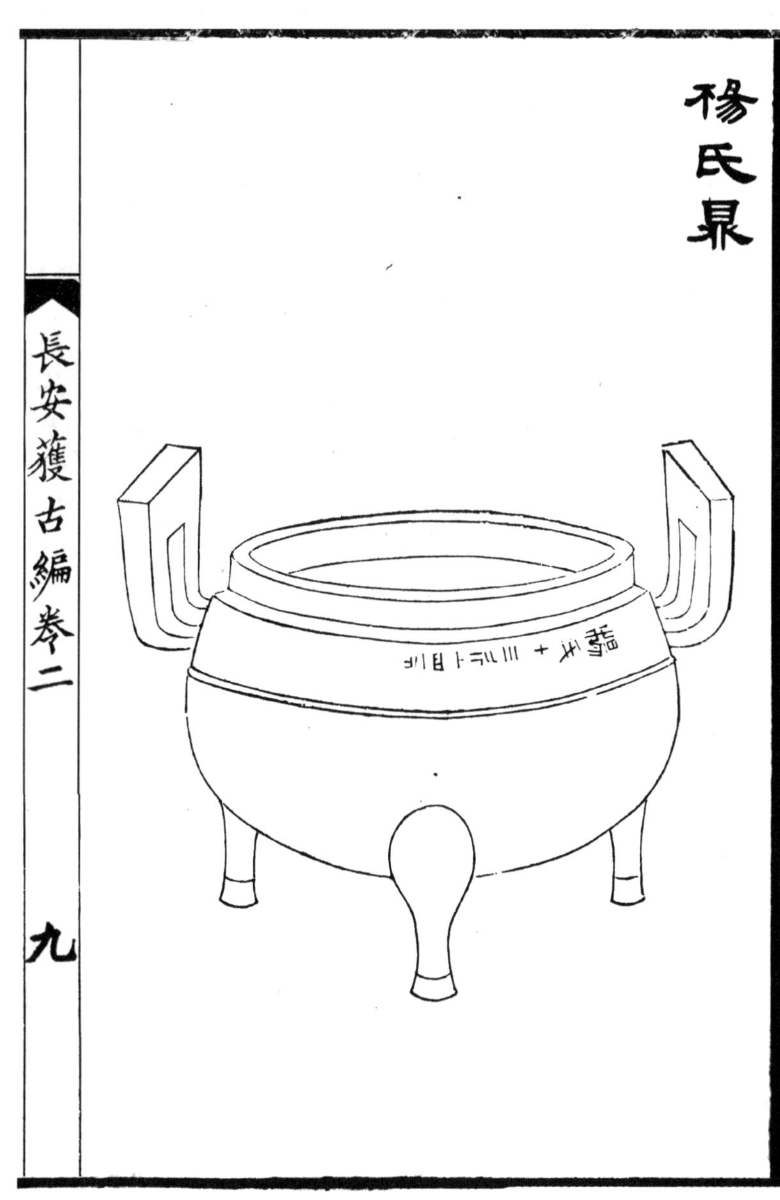

𥢁氏鼎
長安獲古編卷二
九

長安獲古編卷二　九

楊氏　十　三斤八十四兩

楊

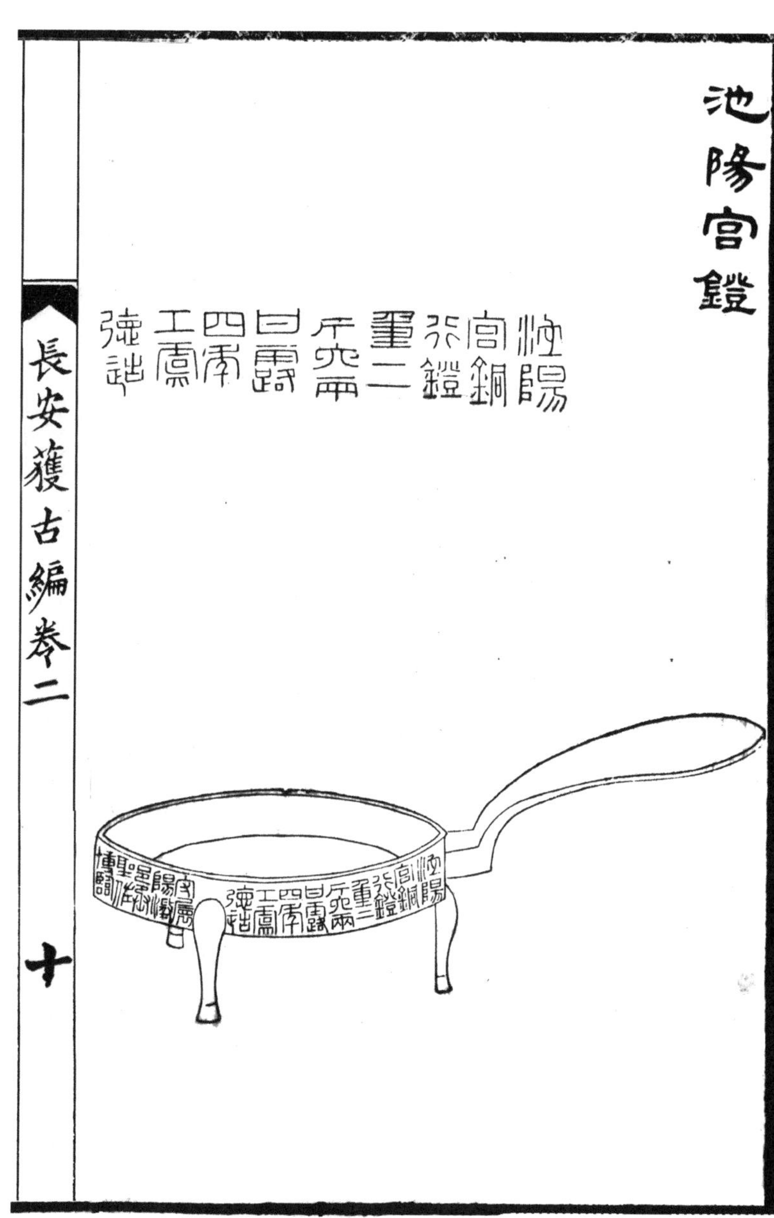
池陽宮鐙
長安獲古編卷二
十

安廣陽澂邑武聖作博語

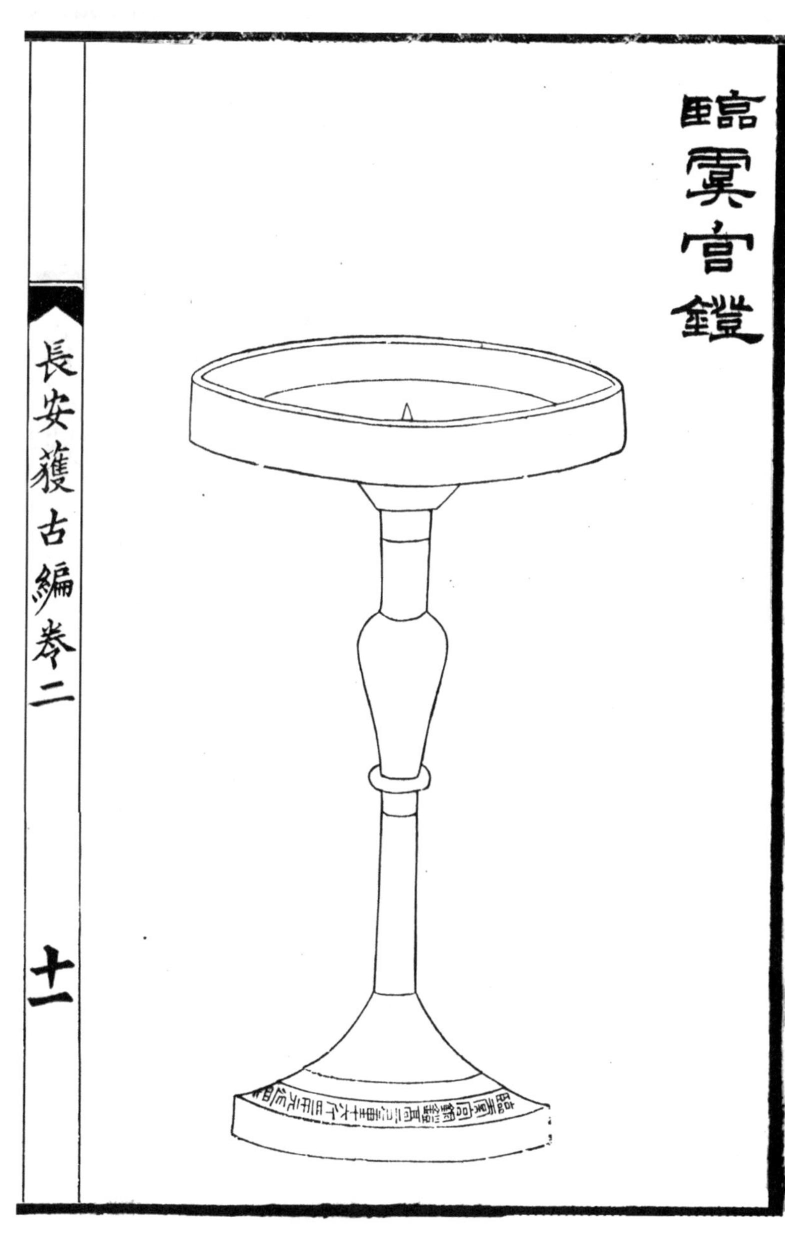
臨虞宮鐙
長安獲古編卷二
十二

臨虞宮銅鐙高二尺重十六斤四兩元延四年正月工張傳造掾襃守令史譚主嗇夫許右丞賢省

曲成家錠

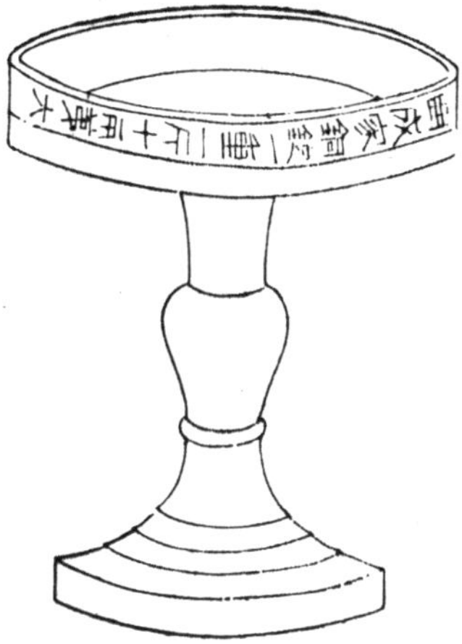

長安獲古編卷二

曲成家銅錠一重一斤十兩第六

鎣

槖泉一外鋗

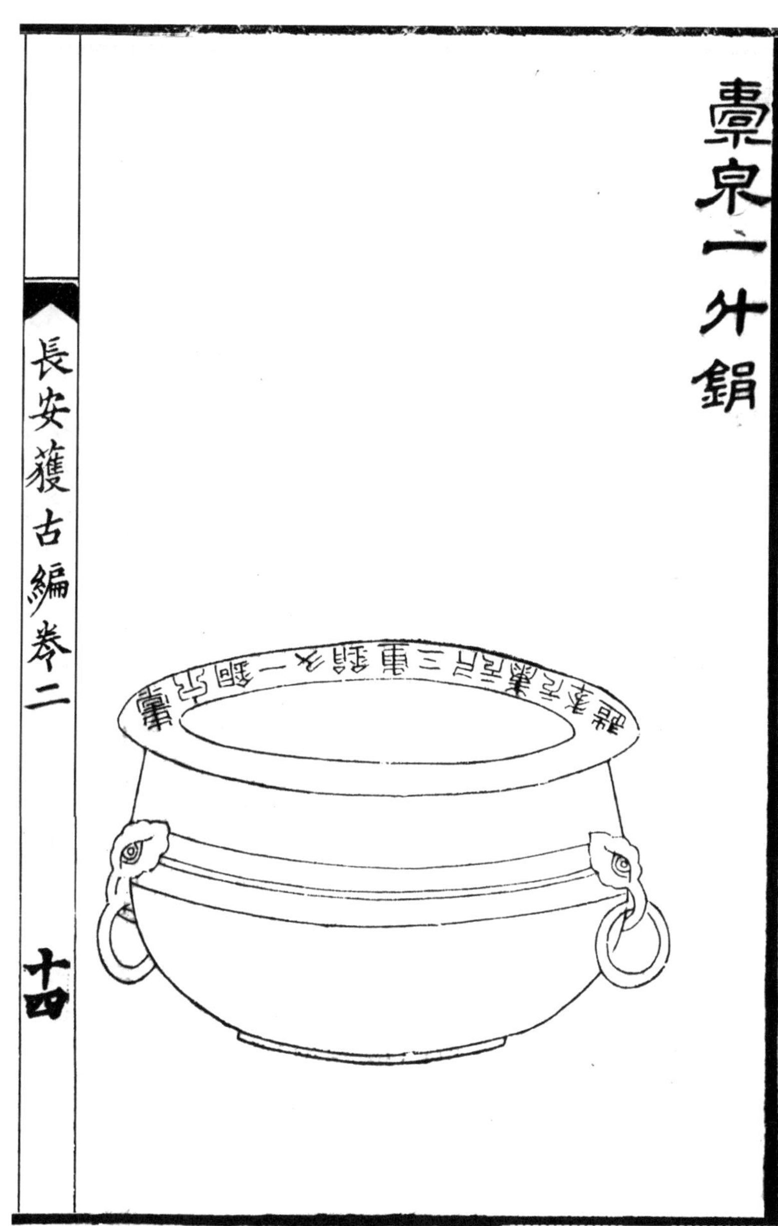

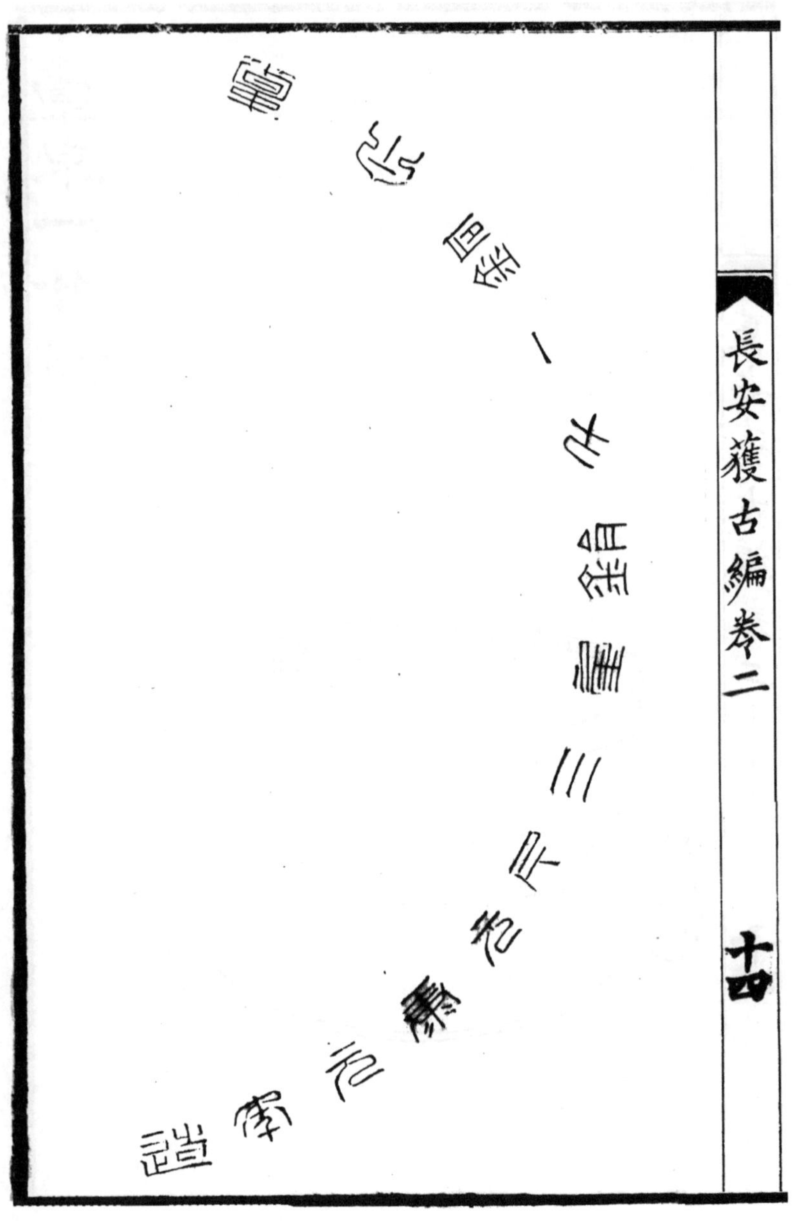

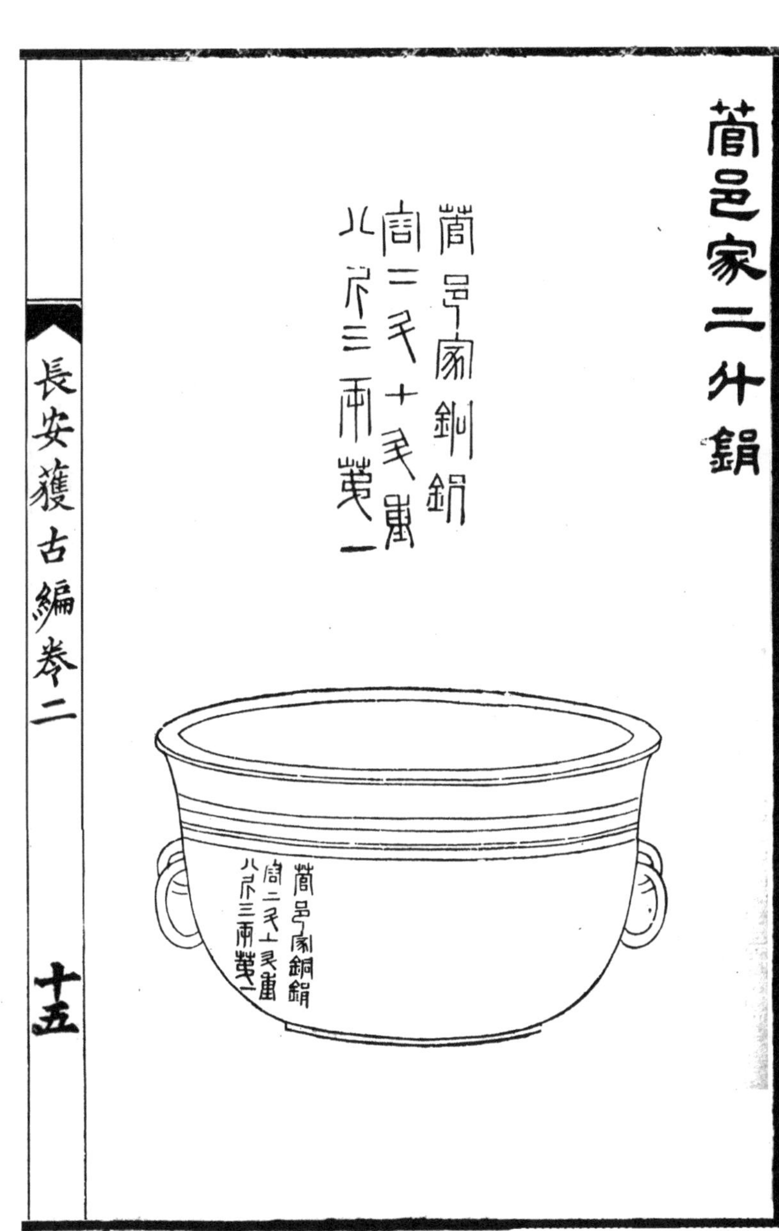
蔄邑家二斗鋗
長安獲古編卷二
十五

魏畀侯盆

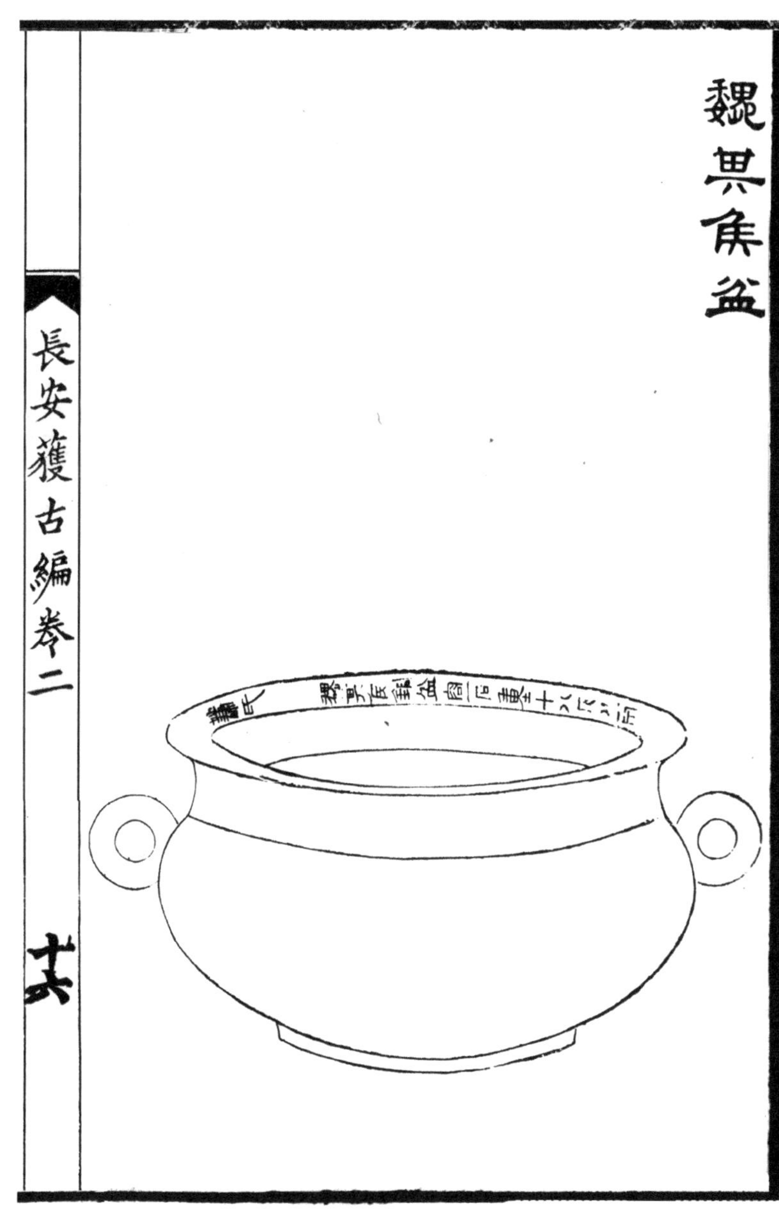

魏其侯銅盆容一石重十八斤六兩

[illegible]氏

弩

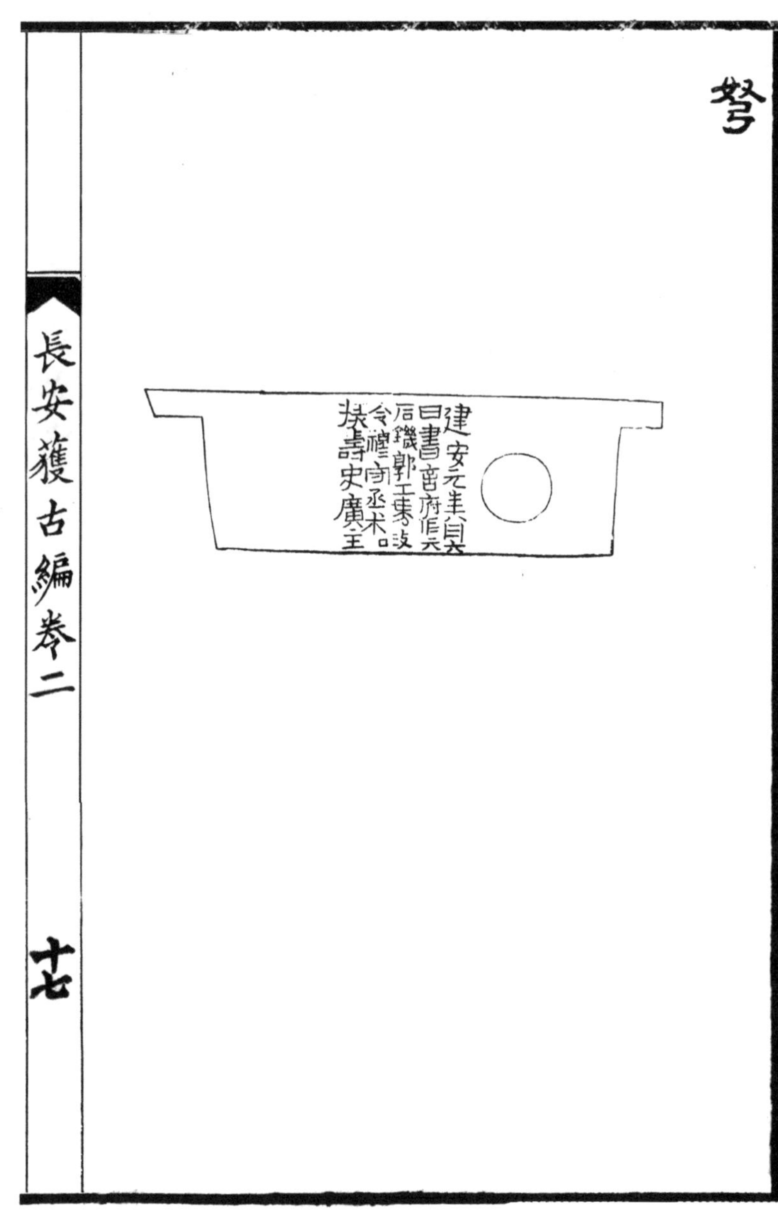

長安獲古編卷二　十七

弩

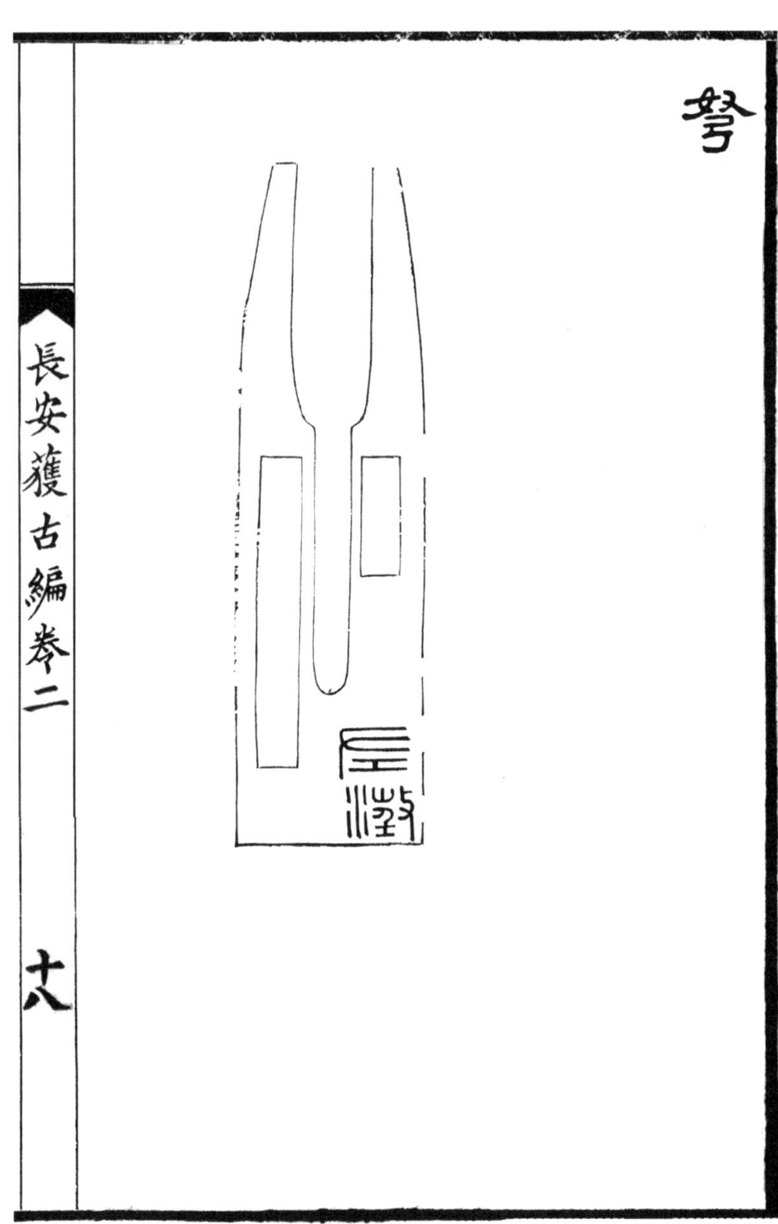

環

長安獲古編卷二

十九

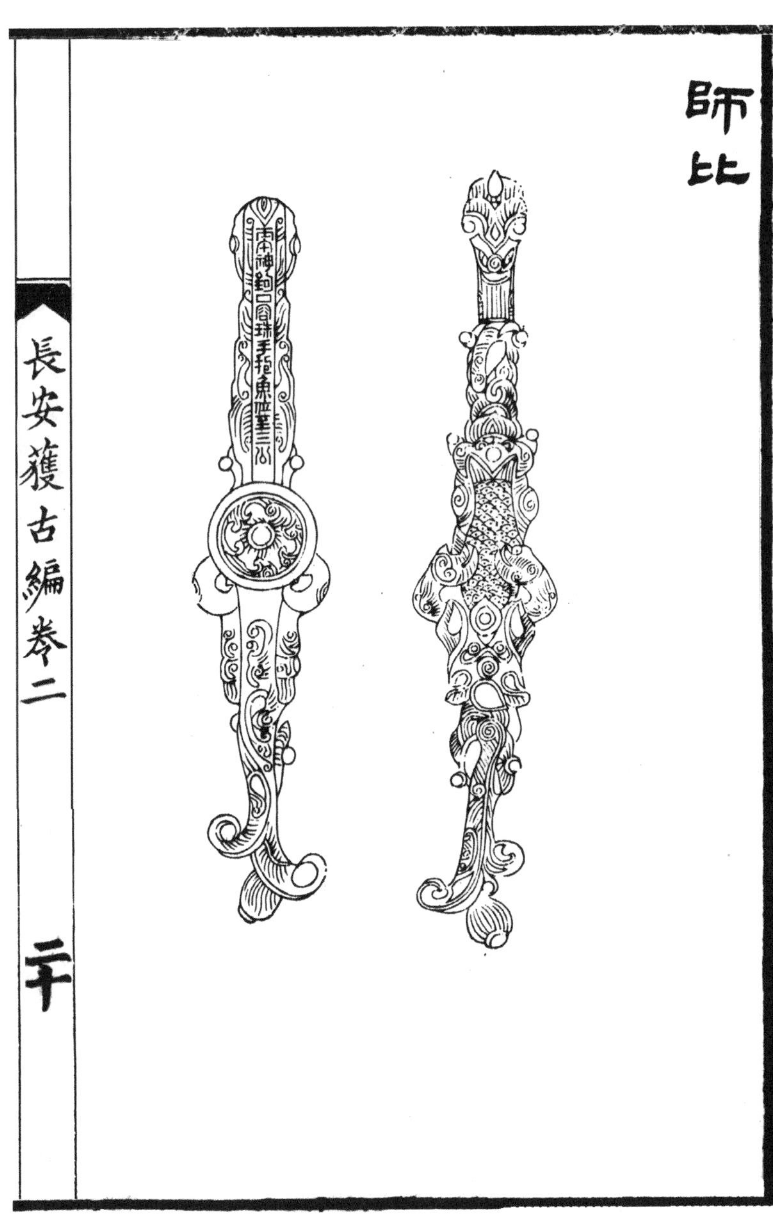

師比

長安獲古編卷二

卄

鉤

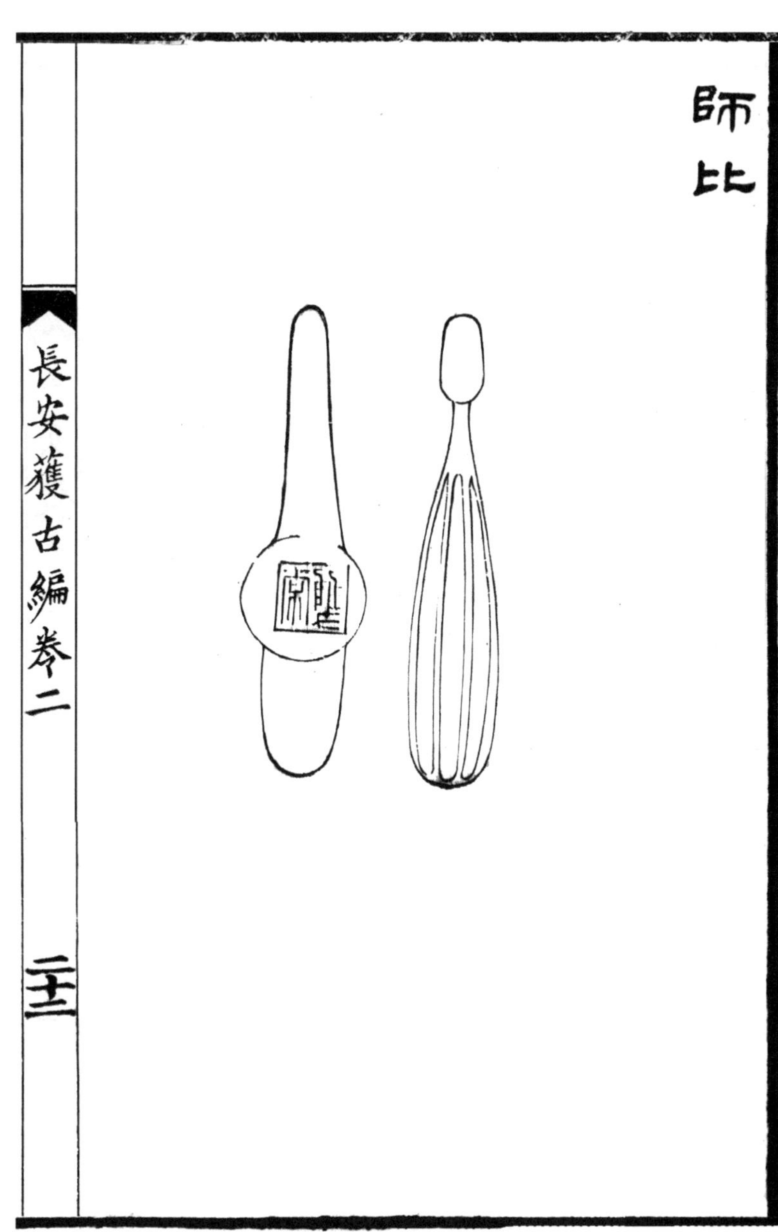
師比
長安獲古編卷二
三十三

長安獲古編卷二 二十三

完銅器

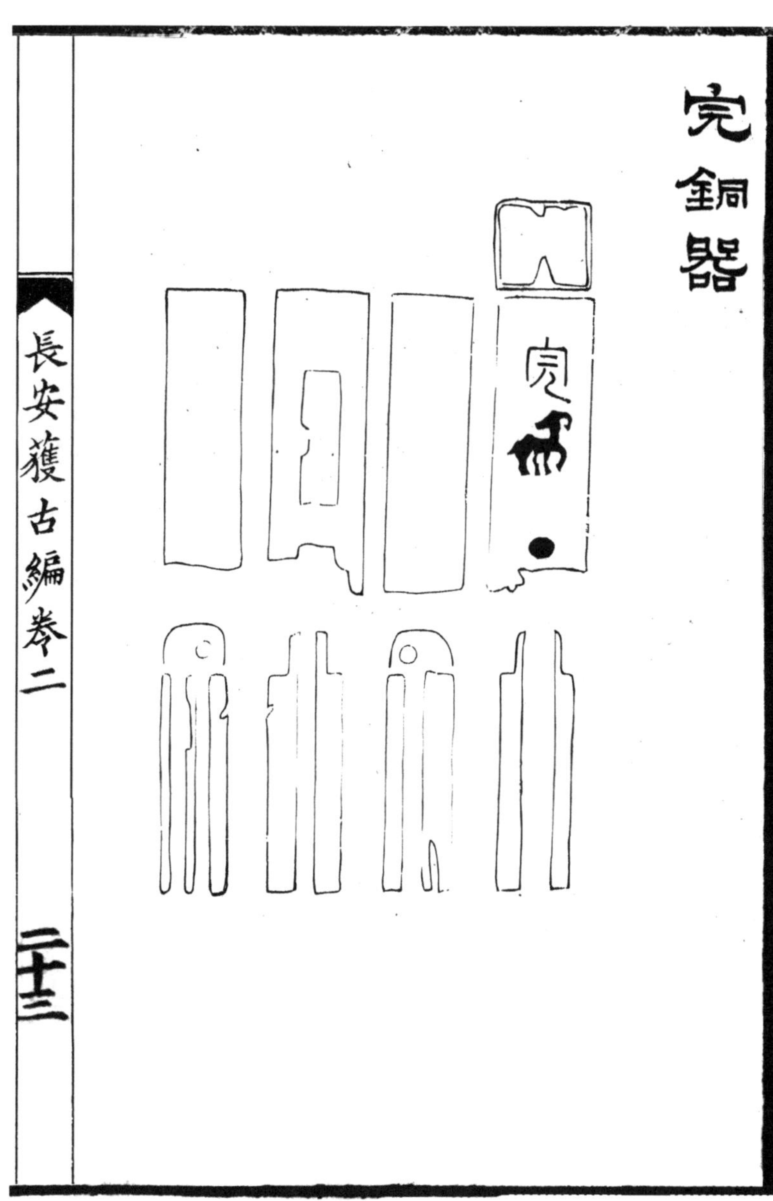

千金銅器

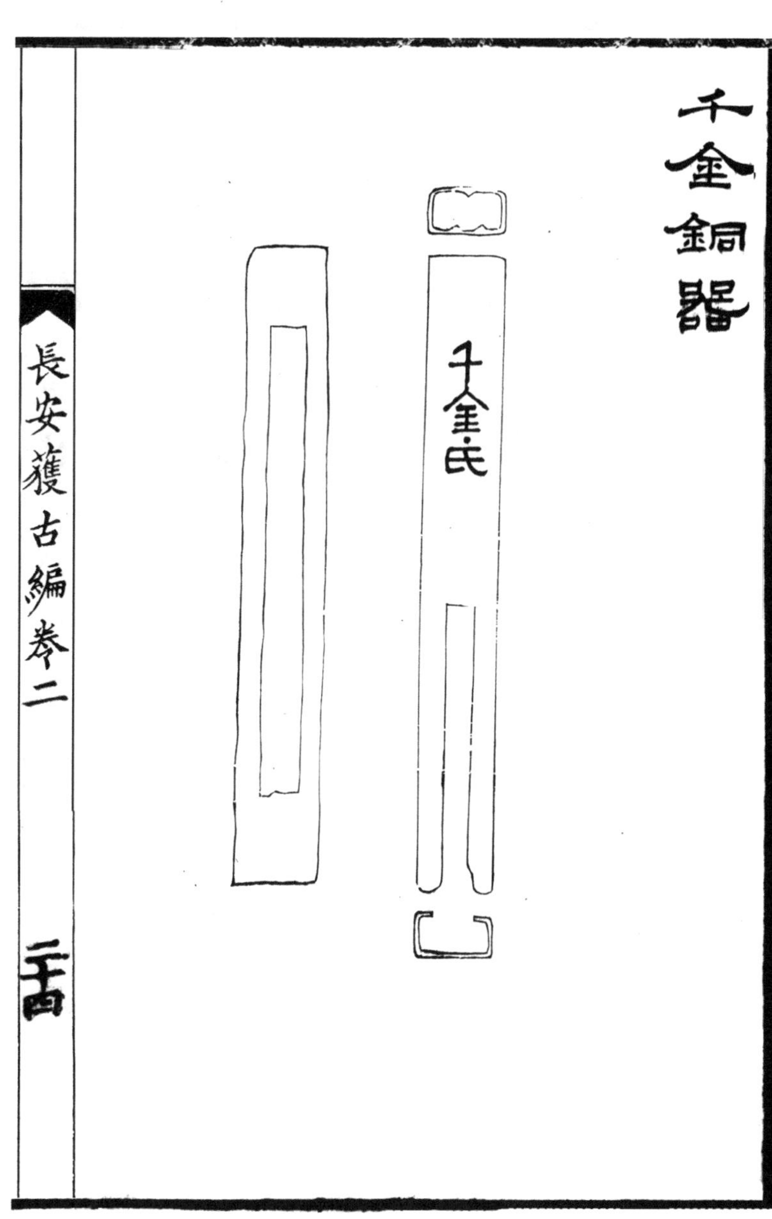

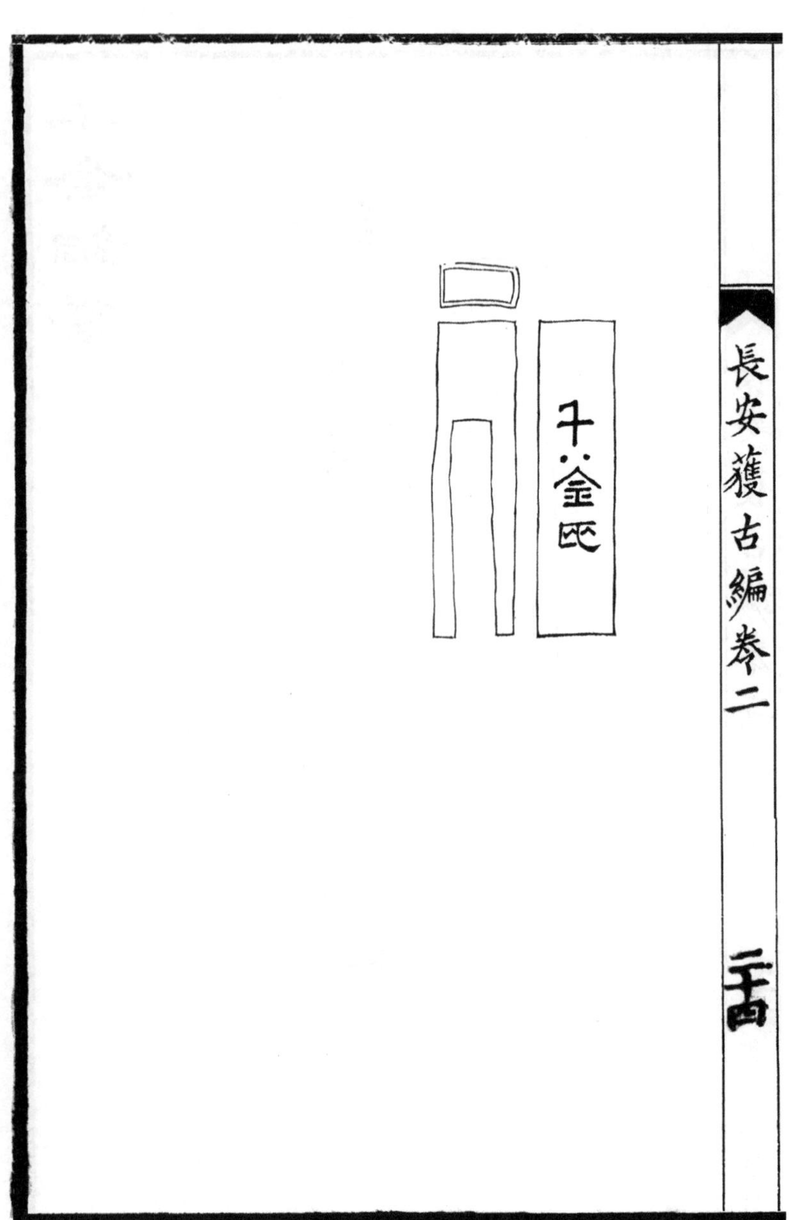
長安獲古編卷二

角王巨虛鏡
長安獲古編卷二
二十五

長安獲古編卷二　二十五

吉祥文鏡

長安獲古編卷二

二十六

長安獲古編卷二

三十六

尚方鏡

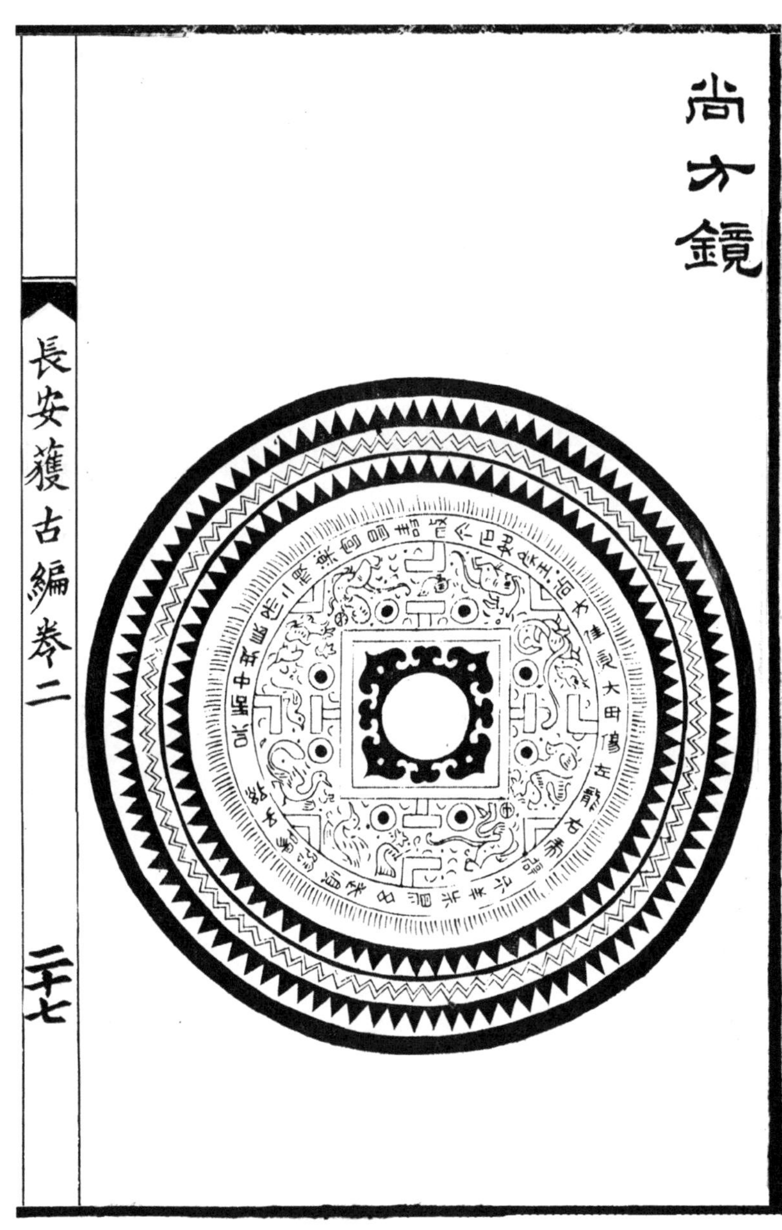

長安獲古編卷二　二十七

銅華鏡
長安獲古編卷二
二十八

長安獲古編卷二　二十八

願長相思鏡

長安獲古編卷二

願長相思鏡

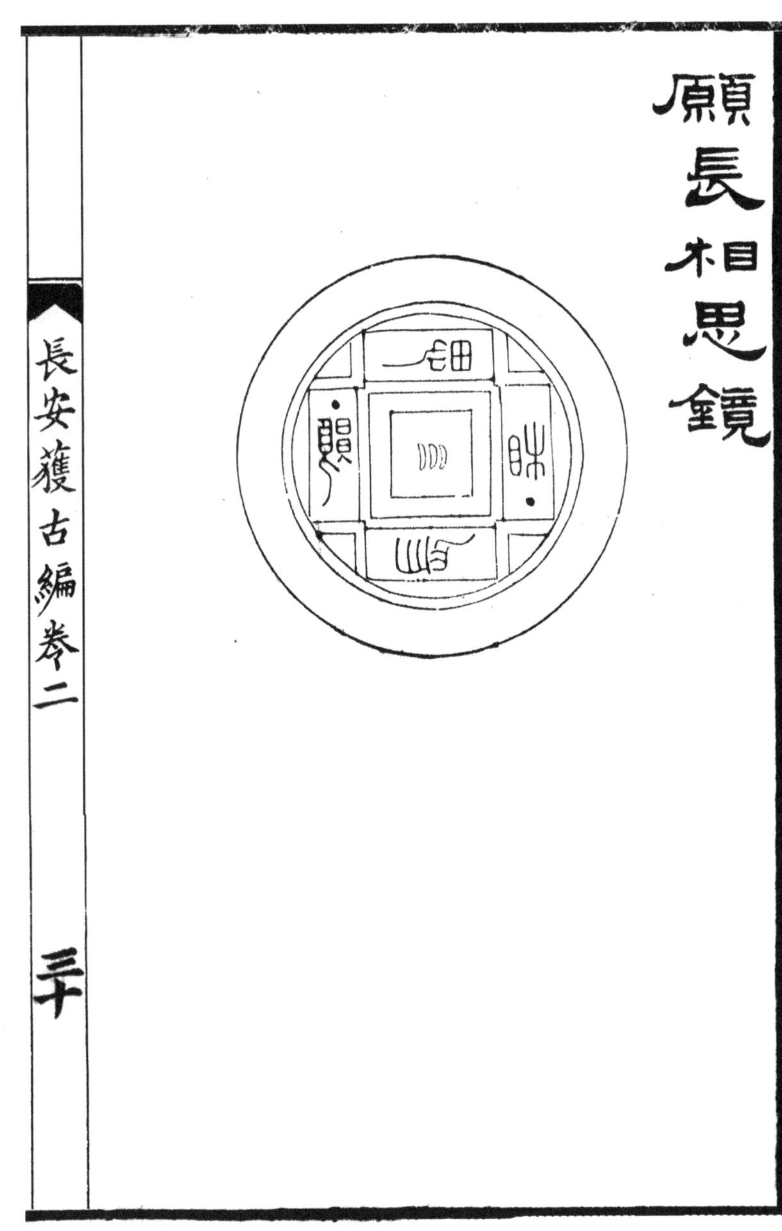

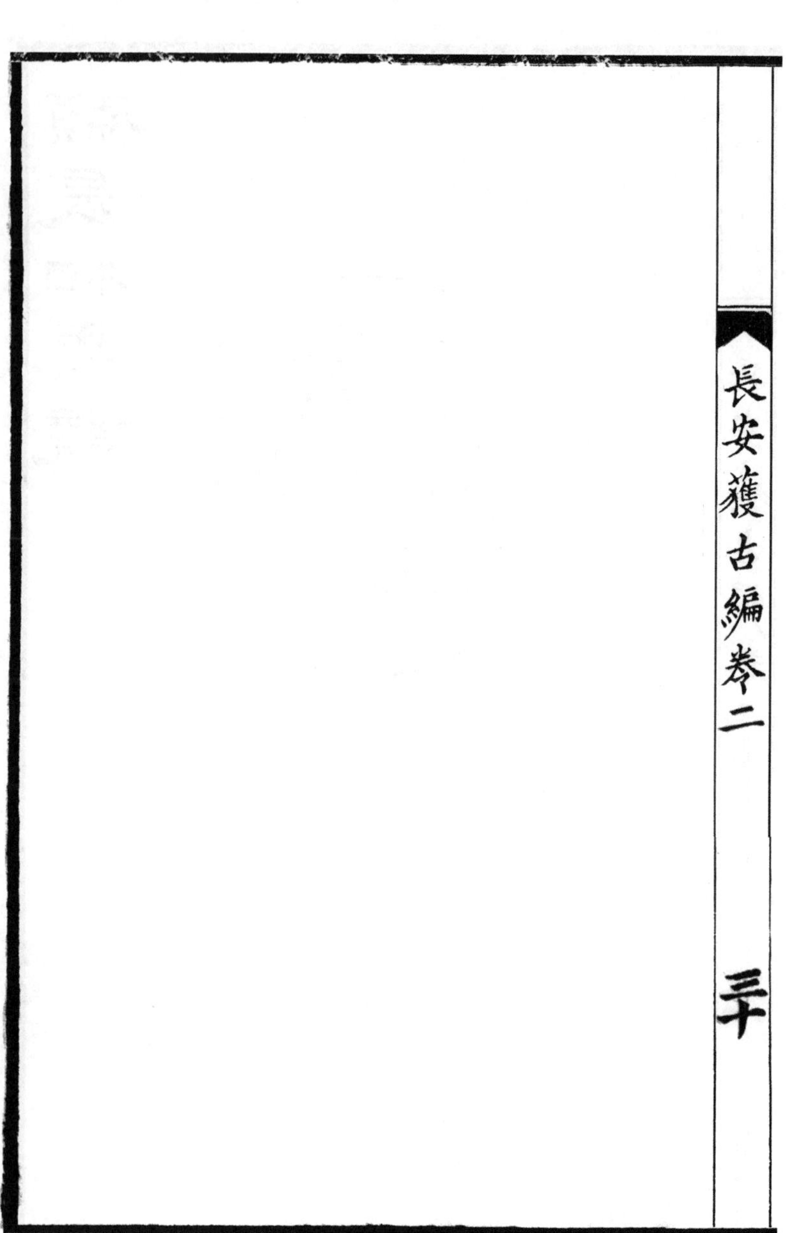
長安獲古編卷二

三十

虎符

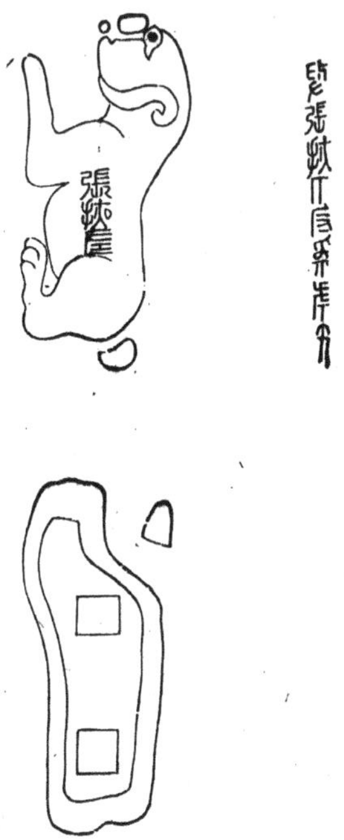

張掖左

與張掖太守爲虎符

長安獲古編卷二　三十

乕符

廣陽左二

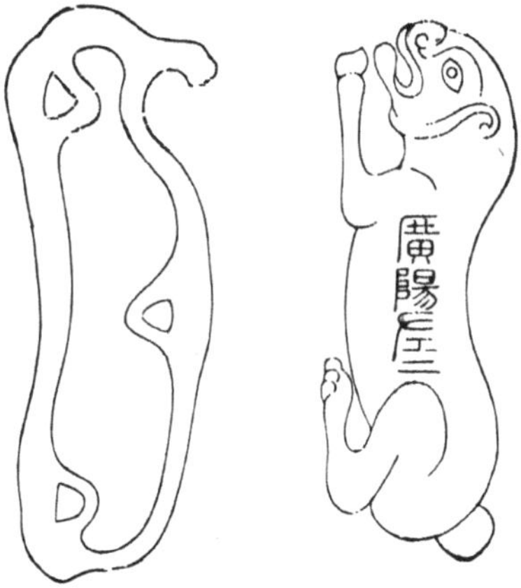

龜符

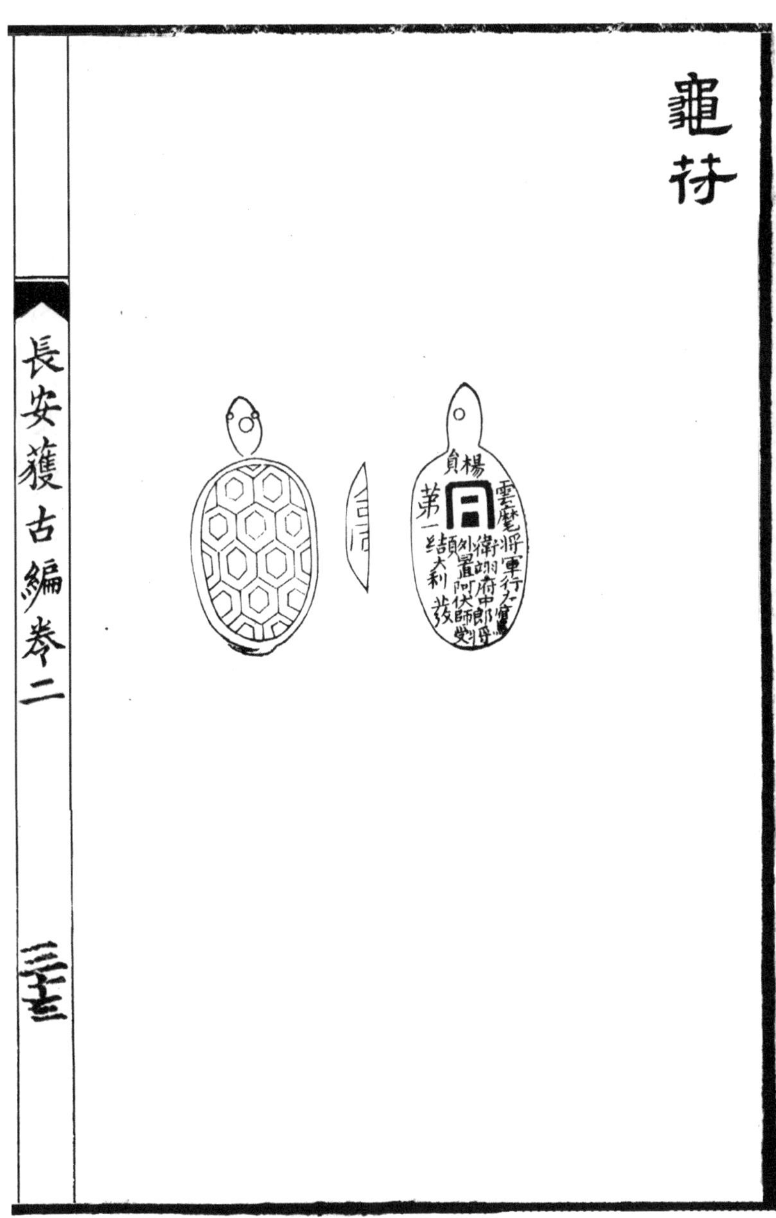

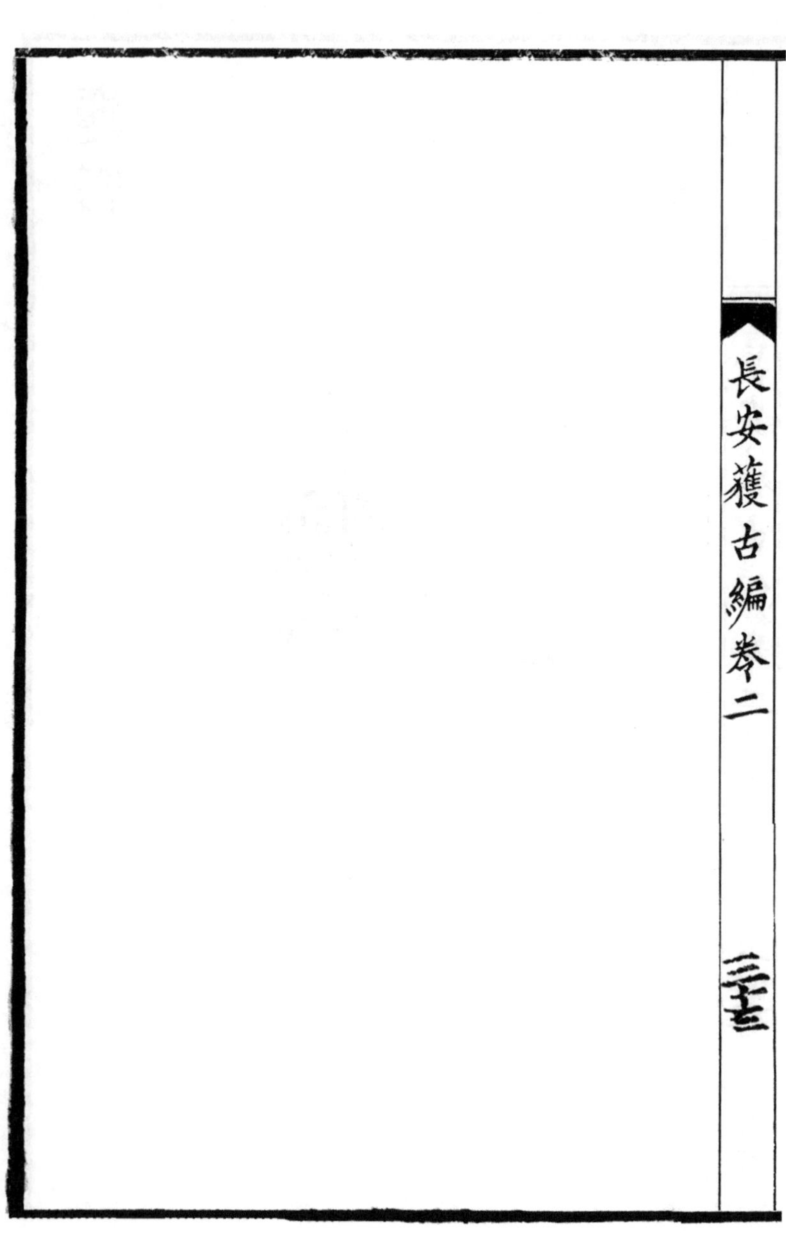
長安獲古編卷二
三十五

巡魚符

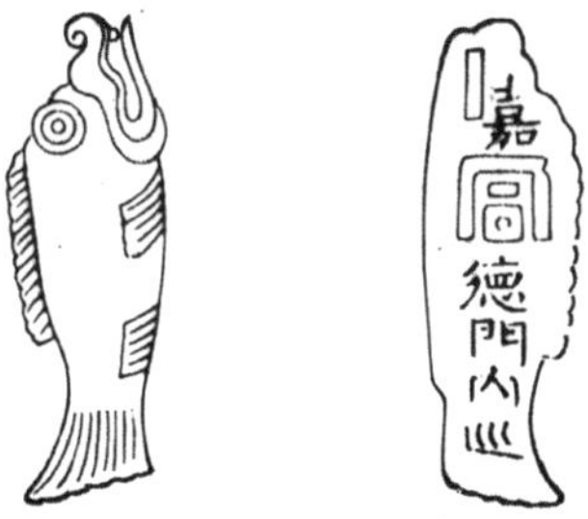

交魚符

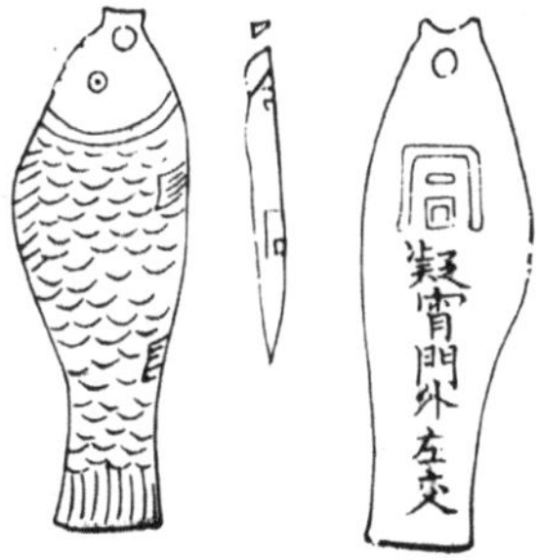

同

凝霄門外左交

長安獲古編卷二　三十五

魚符

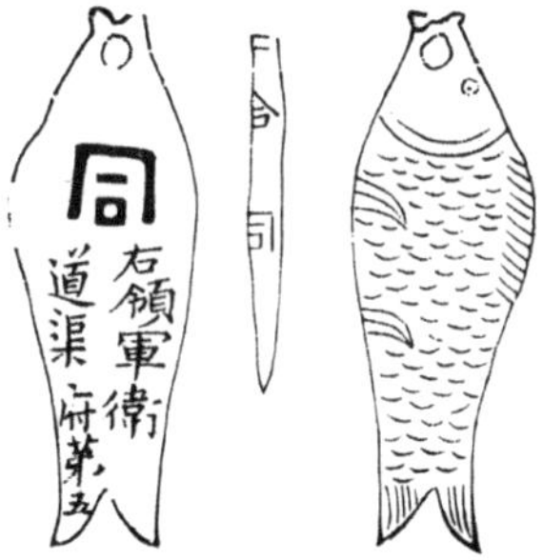

同
右領軍衛
道渠府第五

合同

佐弋瓦

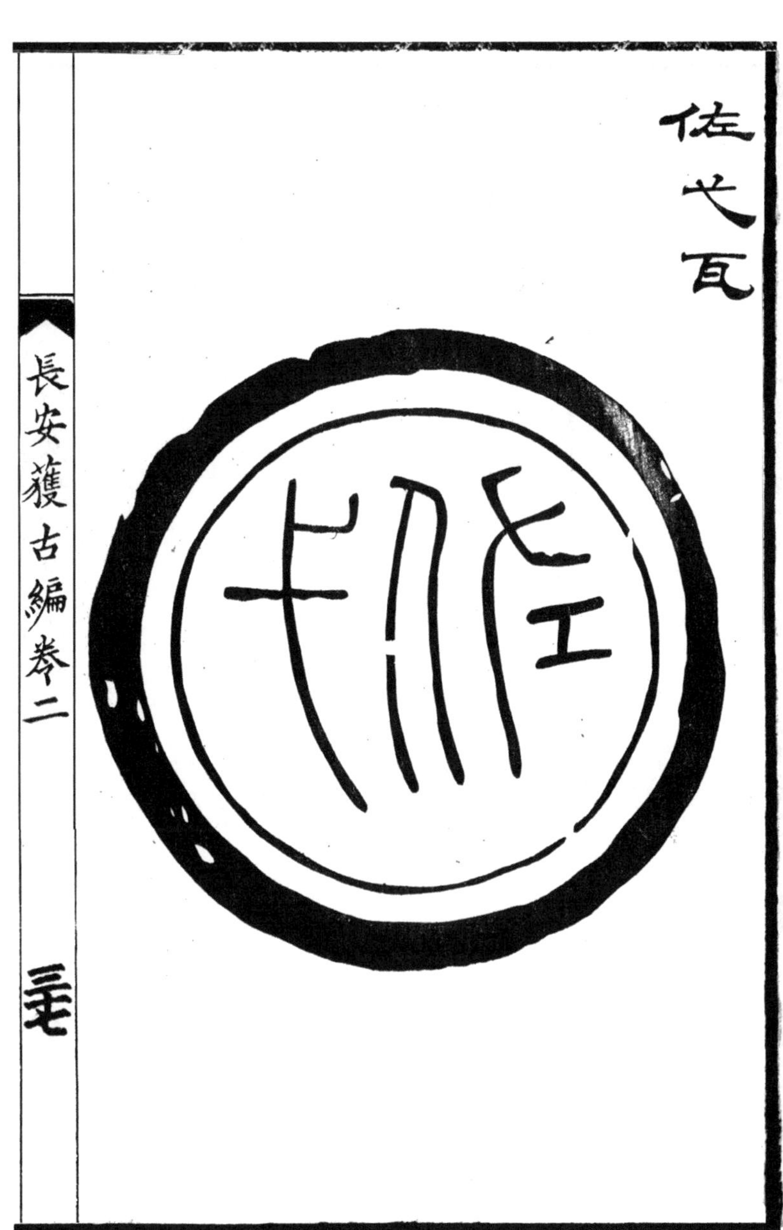

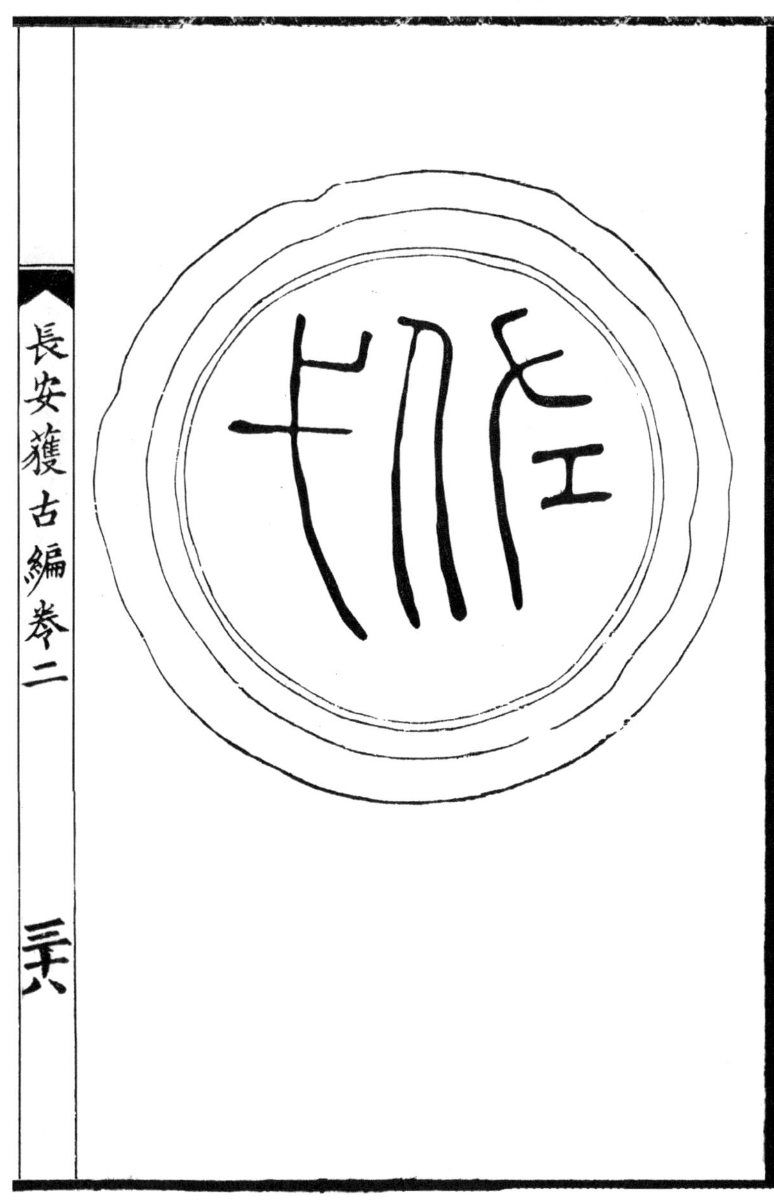
長安獲古編卷二
三十六

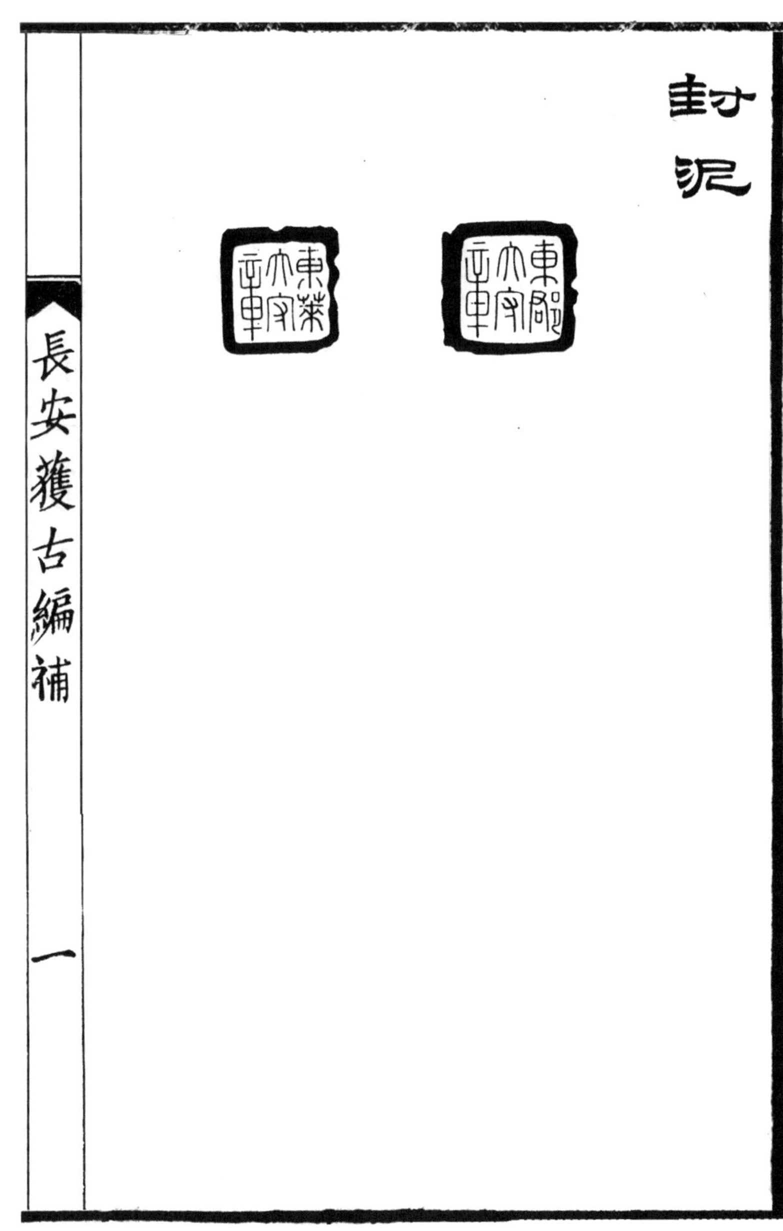
封泥
東萊太守章
東郡太守章
長安獲古編補
一

長安獲古編補　一

封泥

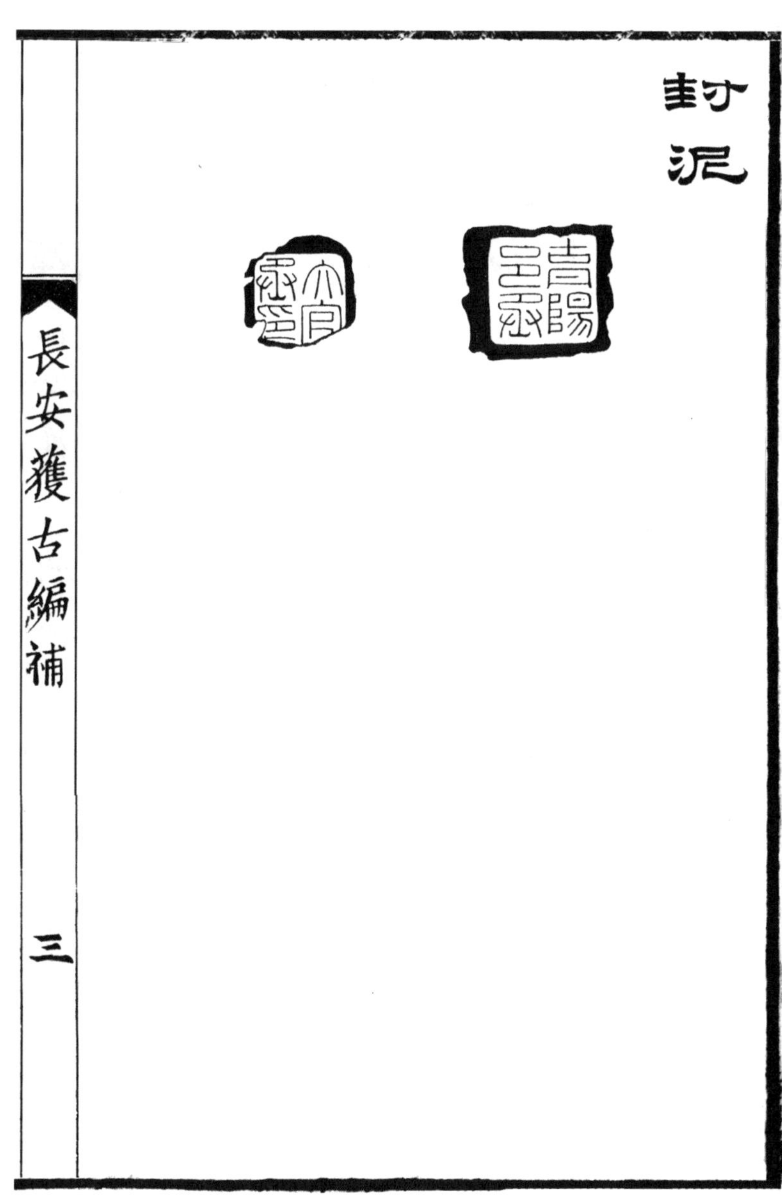
封泥
長安獲古編補
三

長安獲古編補

三

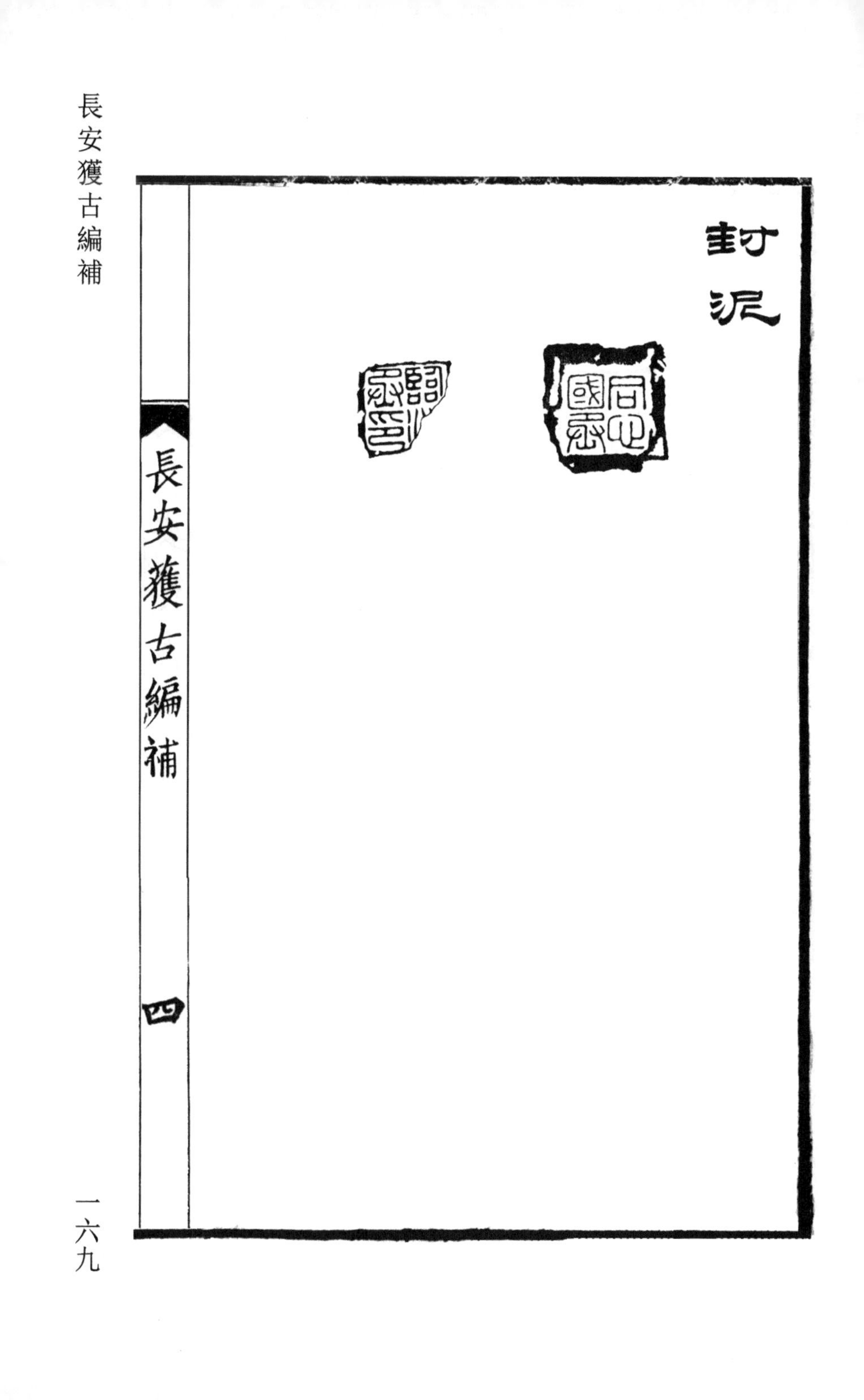

封泥

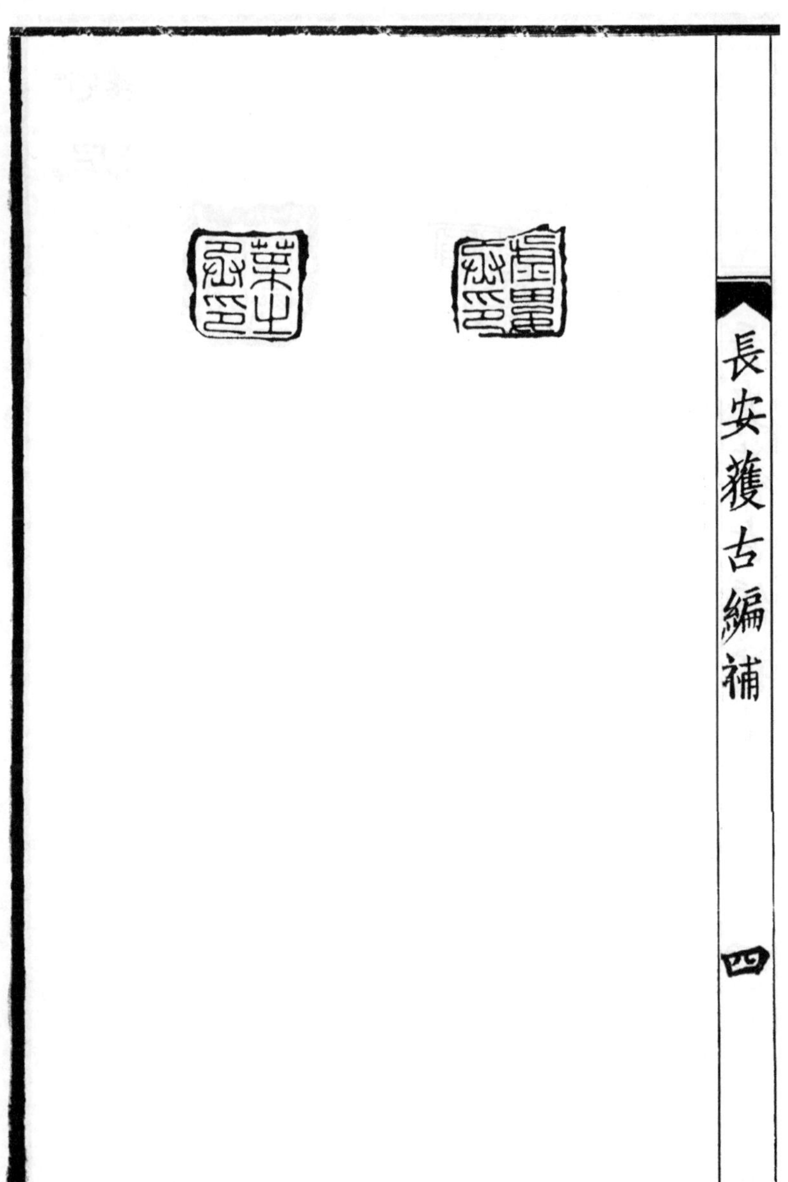

長安獲古編補　四

封泥

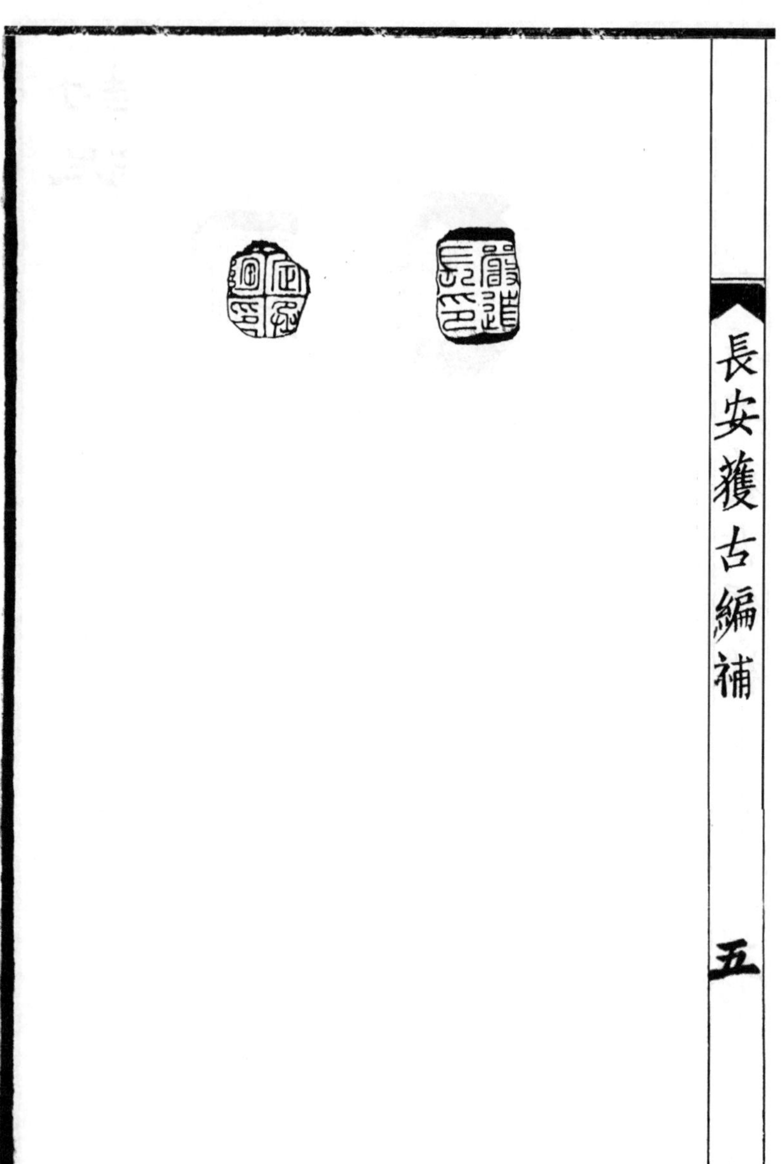

長安獲古編補　五

封泥

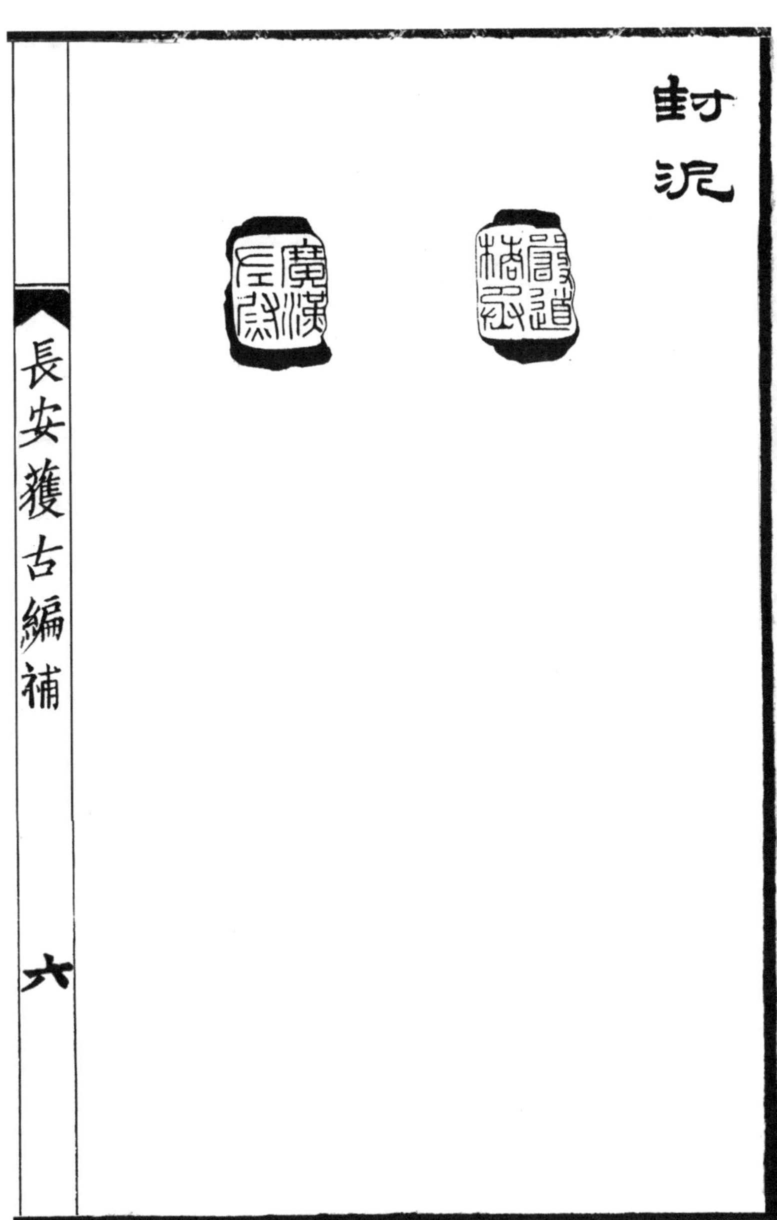

長安獲古編補

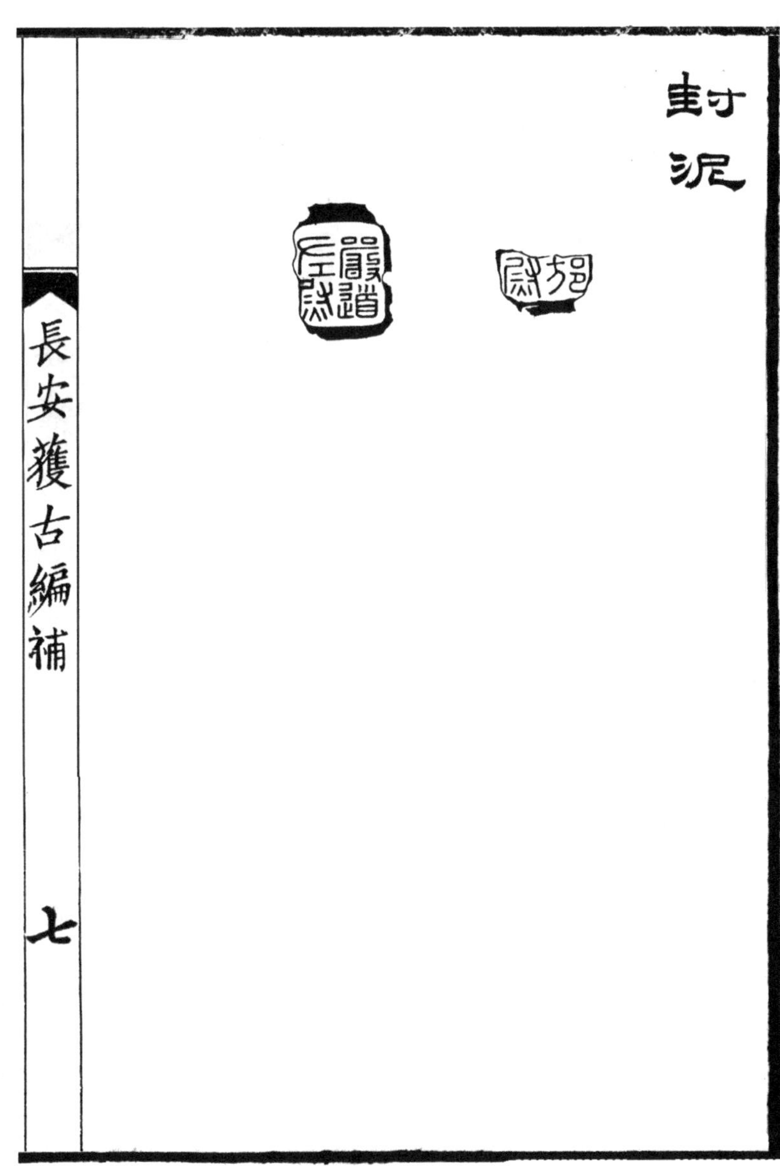
封泥
嚴道左尉
長安獲古編補
七

長安獲古編補　七

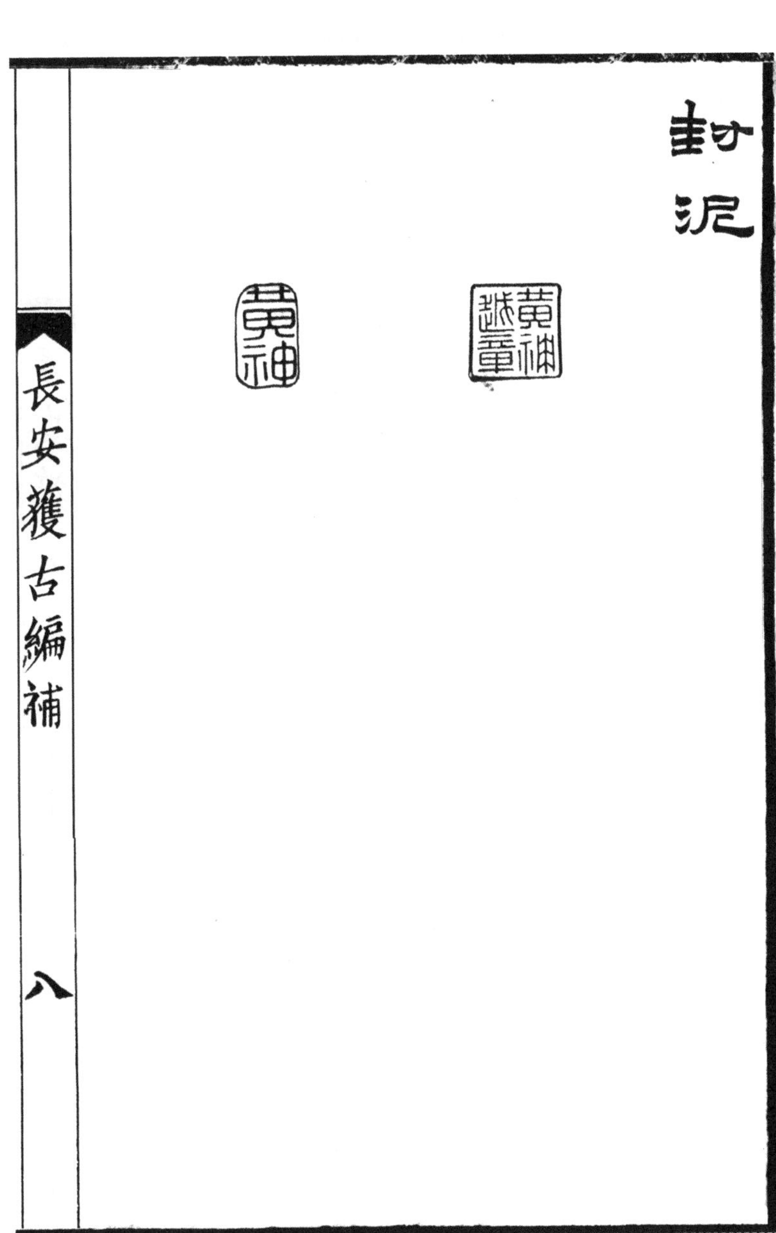
封泥

黃神越章

黃神

長安獲古編補 八

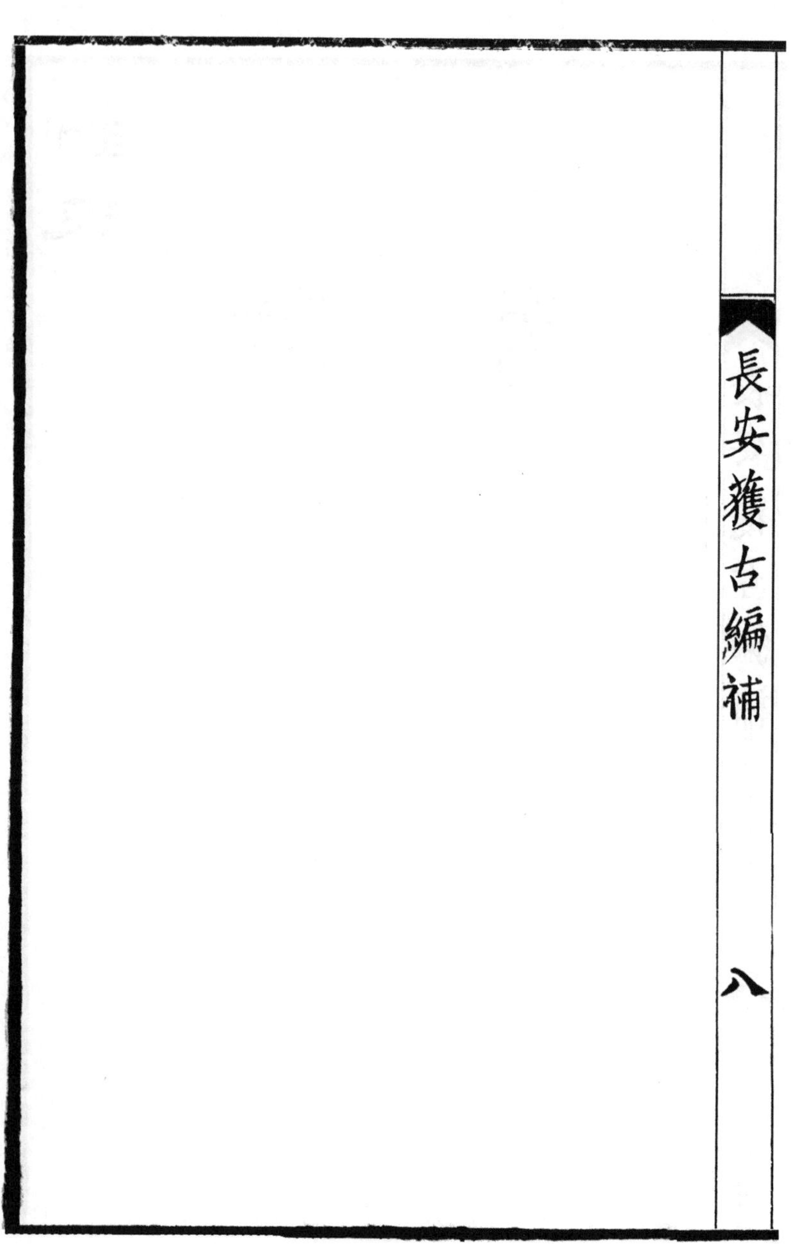
長安獲古編補
八

金都統印
長安獲古編補
九

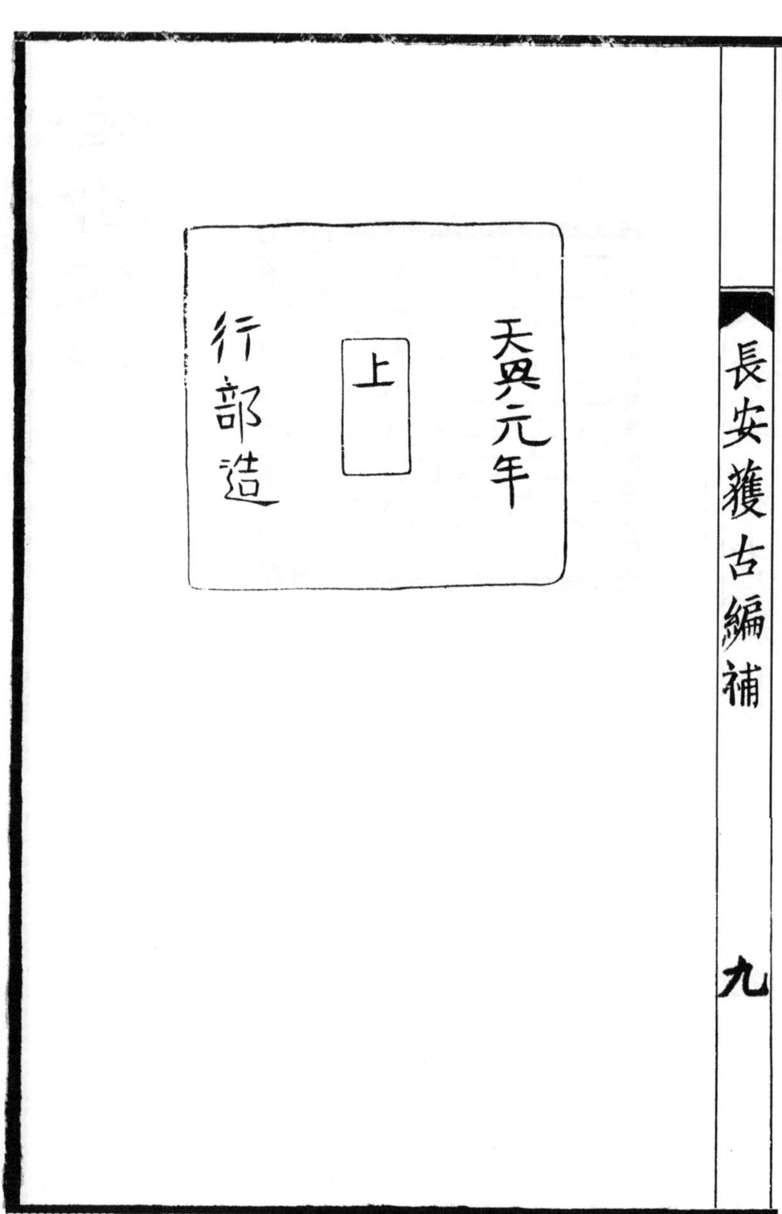
長安獲古編補 九
天興元年
上
行部造

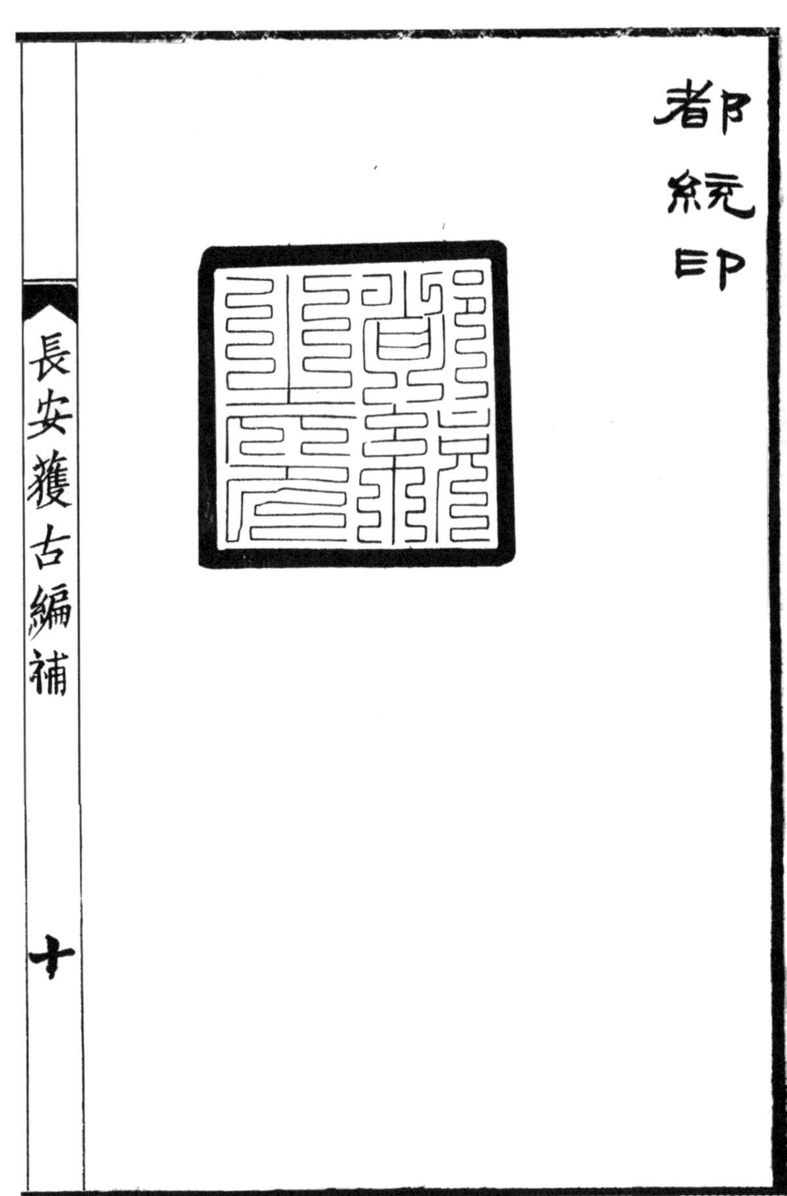
都統印
長安獲古編補
十

長安獲古編補
十

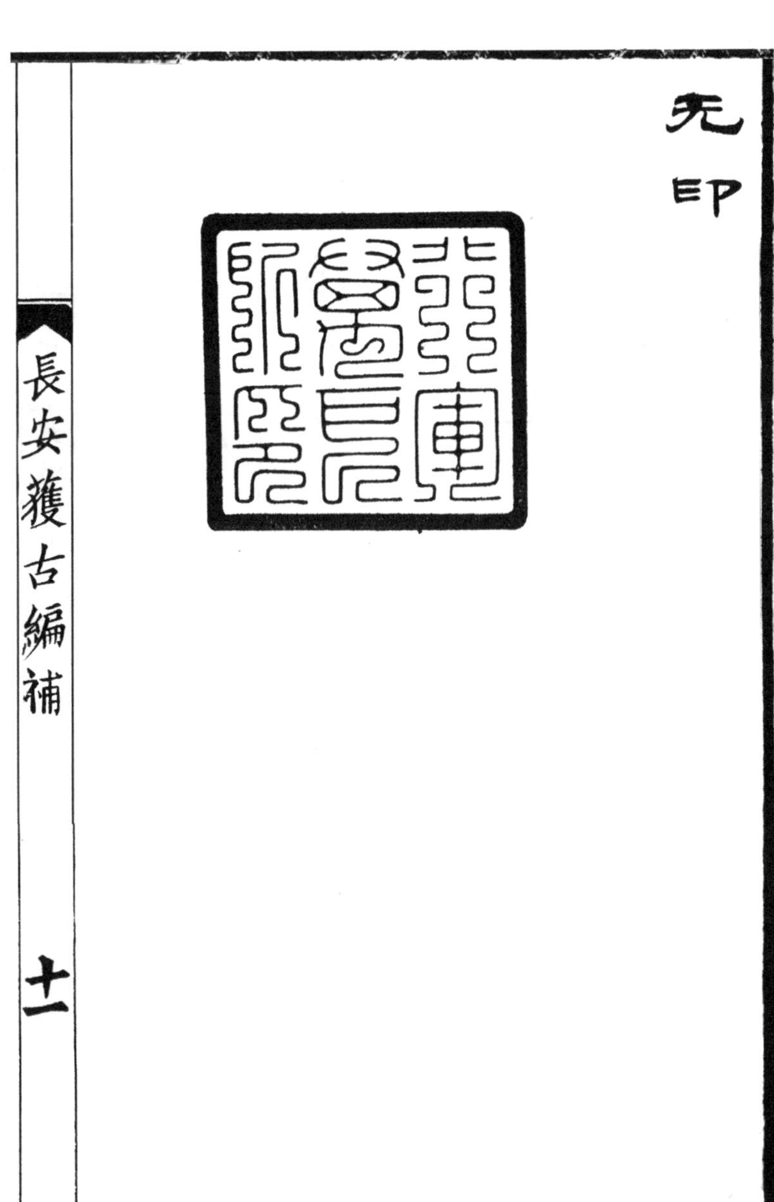

長安獲古編補
十一
旡印

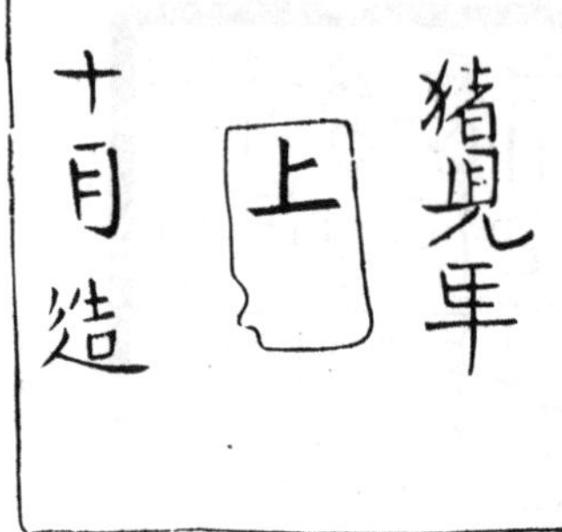
猪兒年
上
十月造

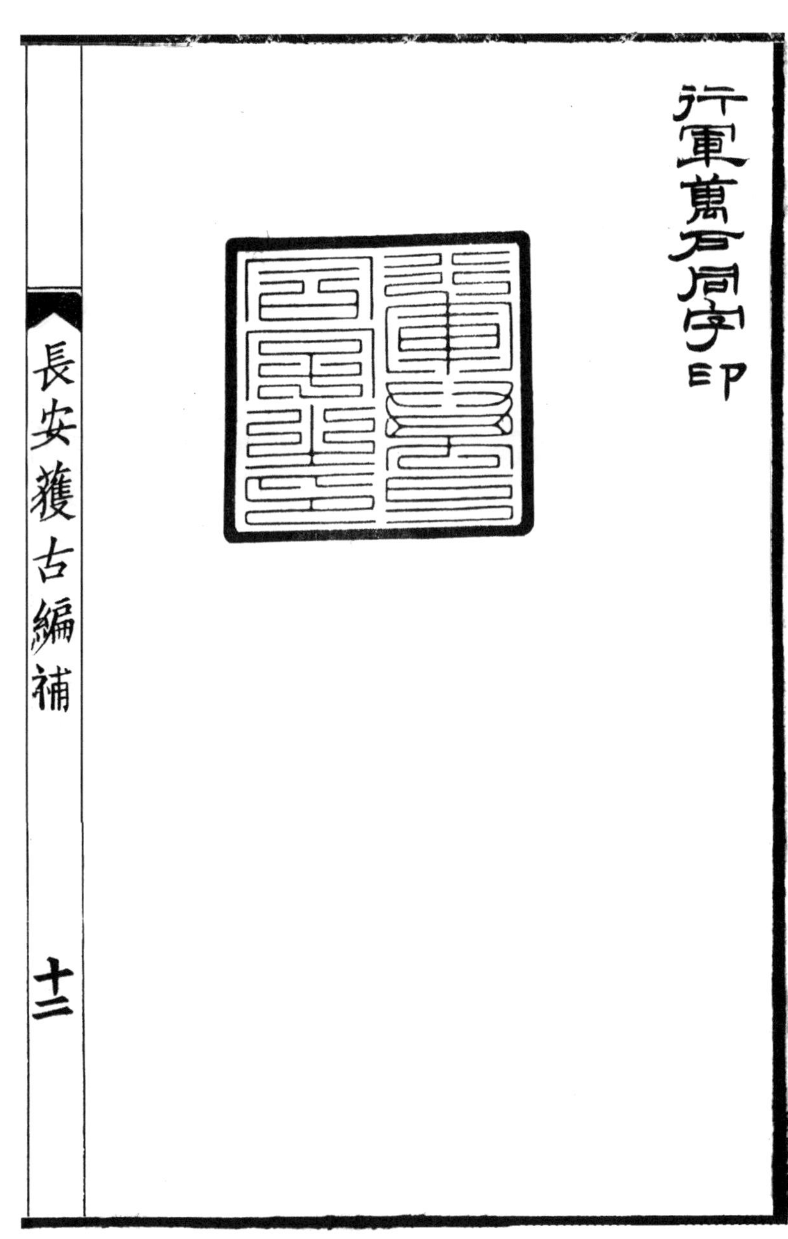

行軍萬石局字印

長安獲古編補　十二

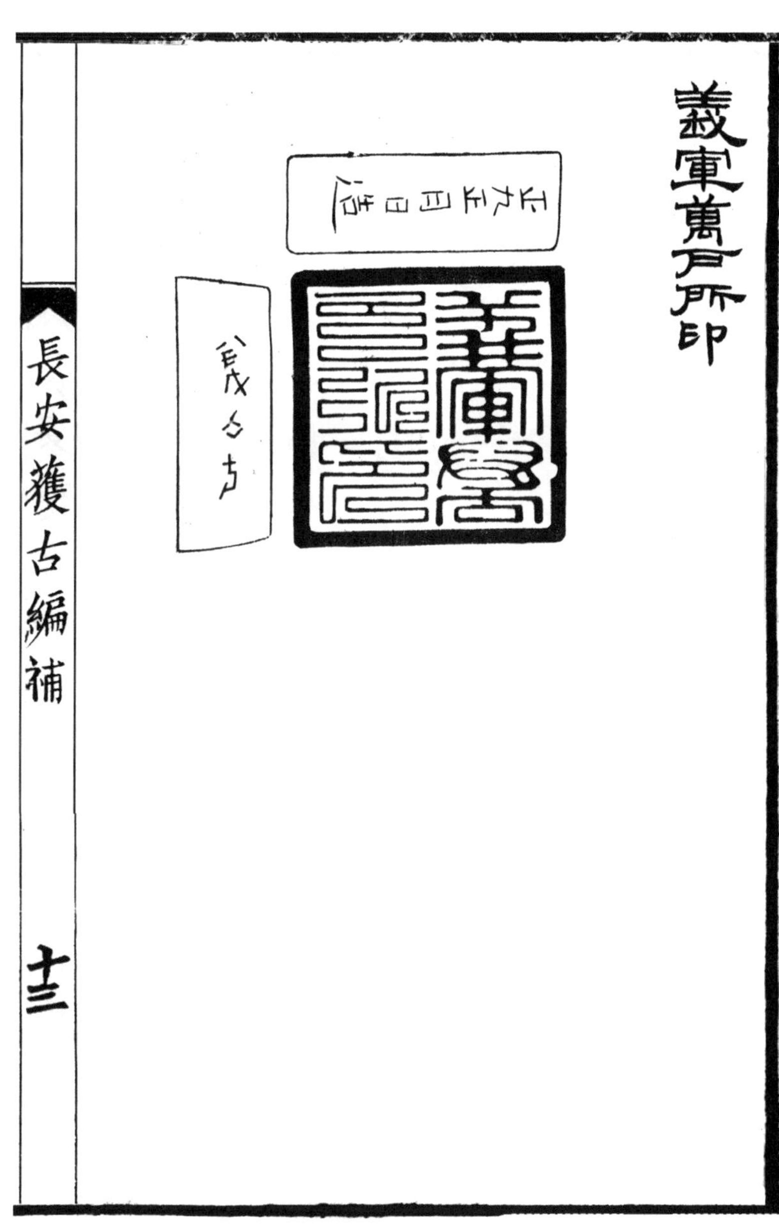

義軍萬户所印

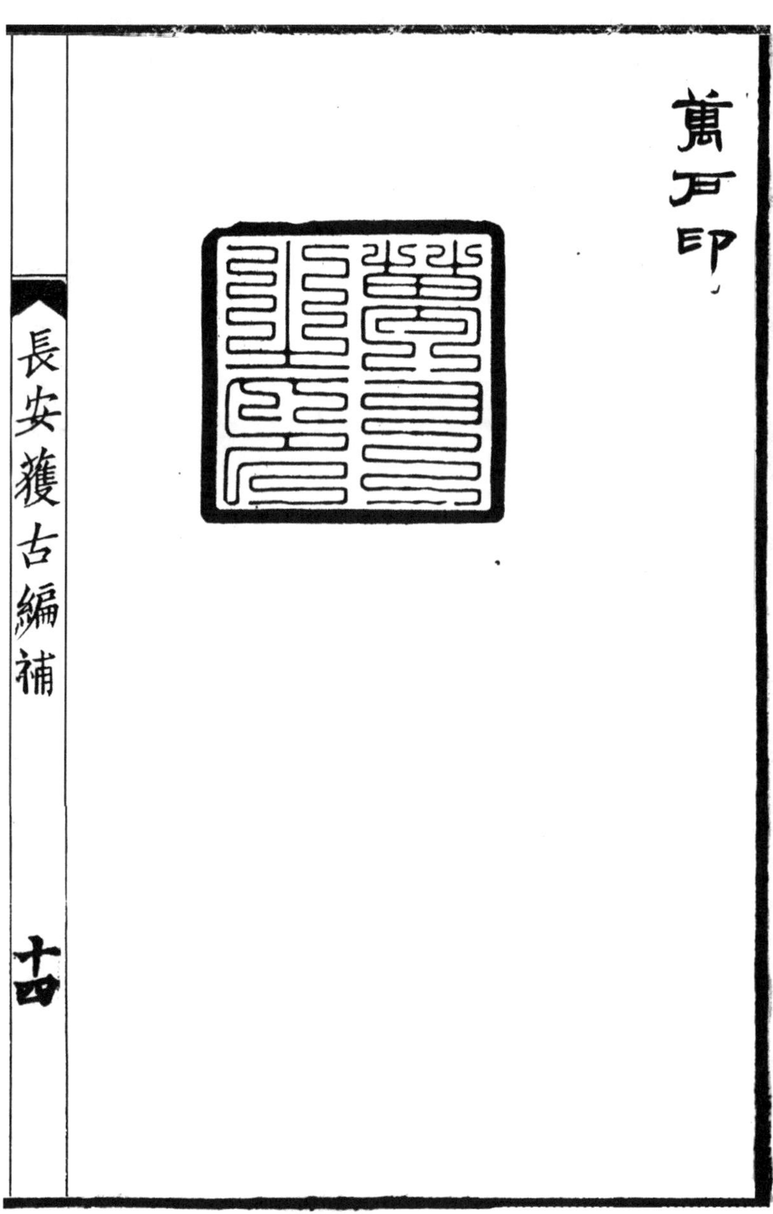

萬戶印

長安獲古編補　十四

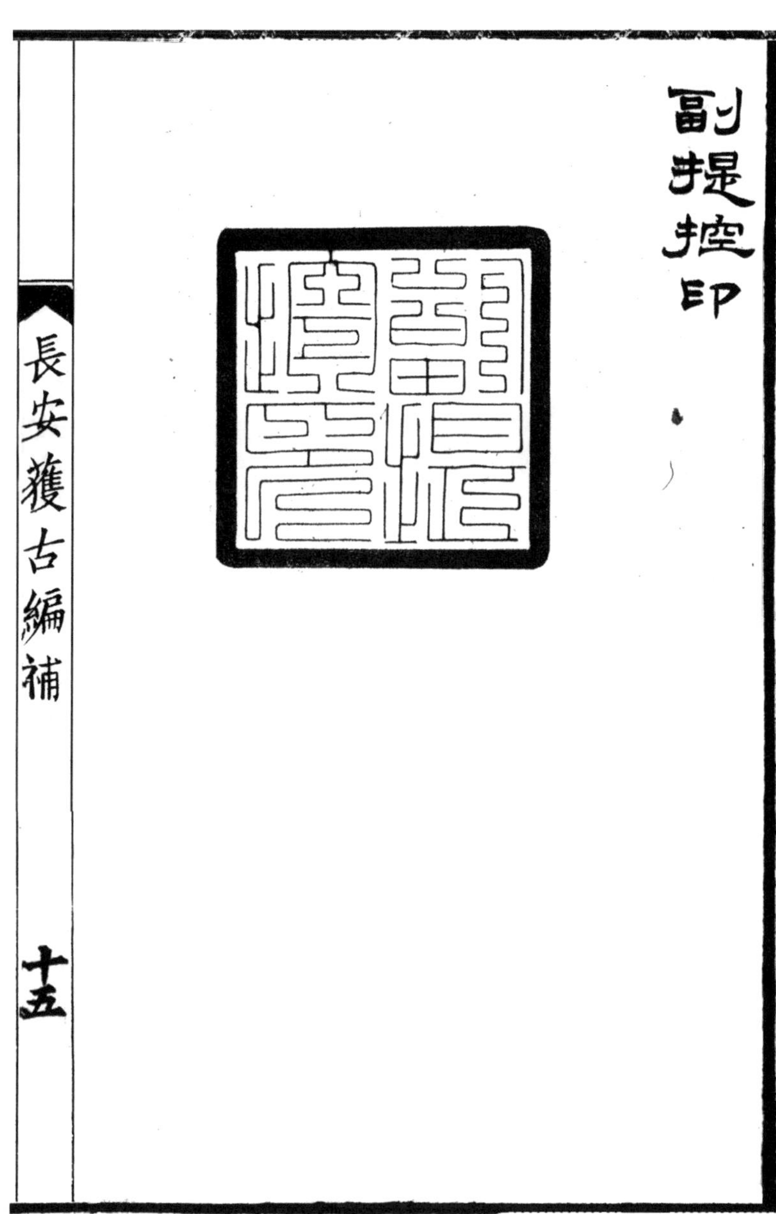
副提控印
長安獲古編補
十五

長安獲古編補　十五

文鈔庫司鈴

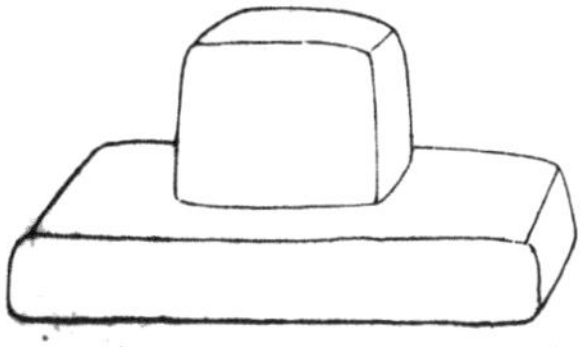

鈔庫

長安獲古編補　十六

升檢封

官律所平

官律所平

鼓鑄爲職

鼓鑄爲職

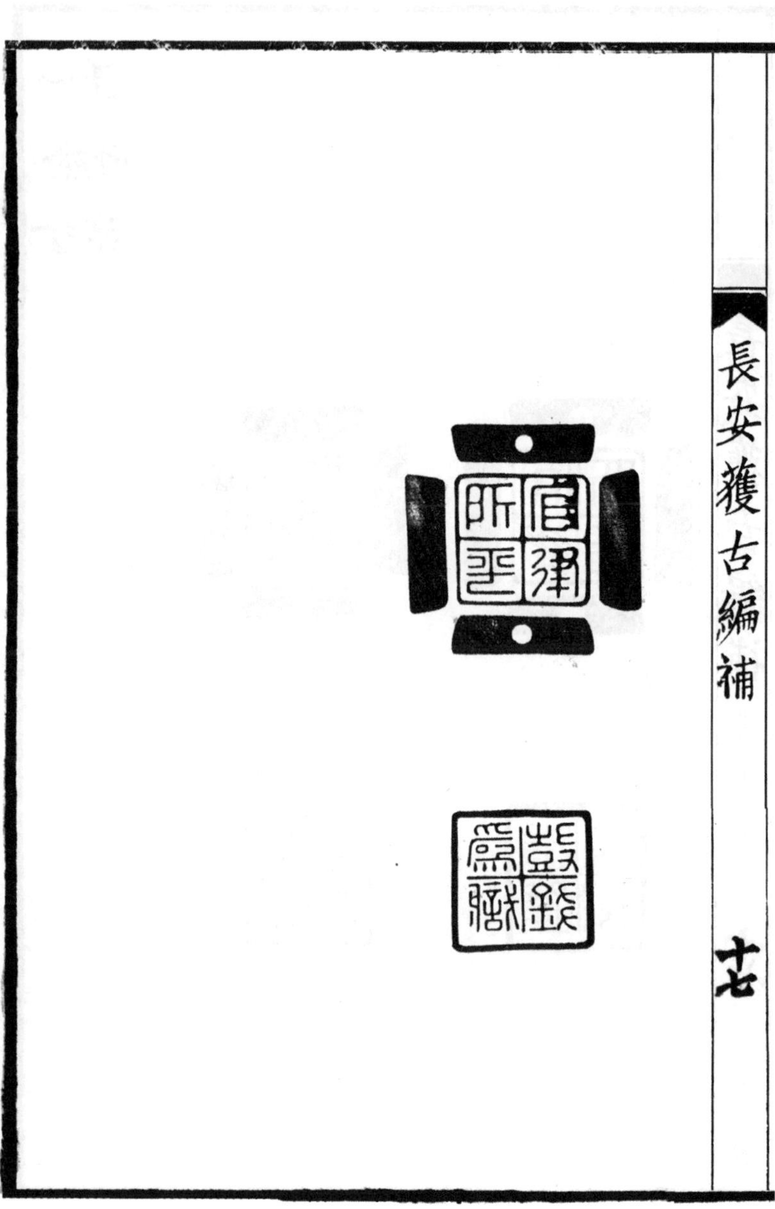
長安獲古編補

長安獲古編乃劉燕庭方伯所撰一金一石皆有識跋金甫刻圖而方伯歿故僅存此稿其原本四冊潘伯寅侍郎借來失於澄懷園侍郎云石亦無甚奇品書板為徐姓所得遂印行此趙益甫致魏稼生書中語也徐

姓印行後書板遂歸福山王文敏公懿榮自同治初年至今未印此京都正文齋譚篤生告予也庚子嵗後板歸予其標題原缺者乞銅梁王孝禹觀察書補刊印百部分贈同好也

乙巳秋七月丹徒劉鐵雲識